反抗的意志

1977-1979
美麗島
民主運動
影像史

財團法人施明德文化基金會　美麗島事件口述歷史編輯小組——編

紀念美麗島

六〇年代台灣在長期戒嚴之中，國會也未全面改選，人民的自由人權及民主參政權都被剝奪。台灣人民最後忍無可忍，不得已爆發美麗島高雄事件，這是人民行使了抵抗權。《反抗的意志》紀錄了這段可歌可泣的抵抗歷史，能令我們深思反省，迎向未來。
———**尤清**（美麗島軍法審判辯護律師）

三十五年前，如果有人跟我說，有一天台灣會解除戒嚴，台灣人可以直接選總統，我一定不相信。三十五年前，如果有人跟我說，有一天台灣言論自由會遍地開花，台灣人民可以自由批評總統，半夜沒有人會來敲門，我一定不相信。美麗島事件曾是整個世代的「成年禮」，許多人因此走上不同的人生道路，在不同的角落為更自由、更民主的台灣而努力。感謝一路奮鬥、永不放棄的所有朋友，沒有錯，最黑暗的時代，也是最光明的時代，謝謝美麗島！
———**田秋堇**（立法委員）

歷史是昨天的倒影，也是明日的反射鏡。美麗島事件在台灣人運動史上，是悲壯的，也很璀璨。美麗島事件之前，國民黨一黨專制彷彿是台灣必要的邪惡，美麗島事件之後，獨裁、戒嚴、人權迫害，像往前奔馳的火車車廂，一節節遠去、消逝。逐漸映入台灣人眼簾的是，民主、自由、主權、獨立……

不同的是，火車的動力來自能源，台灣的民主和尊嚴卻是許許多多的人血淚交織，甚至用身家性命換來的代價。

反諷的是，三十五年後的今天，還有多少人記得當年勇？年輕的朋友如今豈止在享受民主？簡直在揮霍自由！

美麗島事件的意義在於珍惜；珍惜「前人種樹，後人乘涼」的福氣。
———**呂秀蓮**（前副總統）

美麗島事件給專制政權上了一課：政治問題不能用數學問題解決。$10 - 5 = 5$ 是數學問題；但是在 10 個政治異己除掉 5 名之後，可能多出 50 名反抗者。
———**李筱峰**（國立台北教育大學台灣文化研究所教授）

卅五年夢一場，是非成敗轉頭空！青山依舊在、幾度夕陽紅！？

卅五年前，當時我還是二十幾歲的年輕小子，滿腦子充滿法國大革命主張的自由、平等、博愛的理想！為了追求台灣自由、民主、主權獨立可以義無反顧地殉身！

一九七九年十二月十日晚在高雄所爆發的美麗島事件現場，我只上台彈唱一首〈望春風〉，就被判刑五年、坐了四年多苦牢，這是我人生最大轉捩點。

美麗島事件是台灣史上最大的事件之一，它對日後台灣三十幾年的民主改革有決定性之影響！台灣日後解除戒嚴、開放黨禁、民進黨成立，走向真正政黨輪政制度！開放報禁、言論自由！國會全面改選！總統民選！經濟自由開放！兩岸政策鬆綁！使台灣成為一個自由、民主、平等、人權、開放的國家！美麗島事件的影響是最具關鍵性的因素！也可以說：沒有美麗島事件的發生，就沒有日後台灣民主改革的發展與實現！
———**邱垂貞**（民謠立委）

美麗島事件的解讀，有者誇示個人貢獻，以奪取政治利益；有者扭曲事實真相，以誤導民主潮流。盼能客觀還原歷史，正確了解事件真相，釐清其在台灣民主發展中的意義。

———**姚嘉文**（台灣國家聯盟祕書長）

凝視，記憶，不讓歷史事件遺落在過去，漫漶於時光長河。 ———**唐香燕**（作家）

美麗島事件對台灣社會影響深遠，至今仍召喚並鼓舞著眾多青年追求民主自由與公平正義的熱情、勇氣、信心與毅力。

———**陳列**（作家）

台灣是一片充滿美好的土地，永遠不要放棄希望。
現在的民主自由是過去累積的成果，未來的道路則要靠現在的努力去開拓。
美麗島、野百合、太陽花，一路綻放、代代相承。
堅持、付出，為這塊美麗的土地。

———**陳菊**（高雄市長）

美麗島事件是國民黨外來政權對台灣反對運動有計畫的殲滅行動。為了營救受難戰友，我付出了十年流亡海外的代價，但我引以為榮。

———**陳婉真**（作家）

在白色恐怖的陰影下，有大量異己被逮捕，我和陳菊曾從事人權工作，負責營救政治犯並照顧政治受難者家屬，其危險性大於任何一場選舉；在這艱困的環境下，黨外運動不分統獨、不分省籍、結群而出、患難相助，為了民主的信念，我們燃燒理想的火炬，盡自己的一份心力。

———**陳鼓應**（北京大學人文講座教授）

台灣解嚴，實施兩黨政治，總統直選，沒有禁書，言論自由，街頭運動蓬勃發展， 人民不再受軍法審判，廢除唯一死刑的叛亂罪，選舉作票減少等等，都是美麗島事件民主運動啟發的成果。

———**楊青矗**（作家）

美麗島事件奠定台灣民主化及公民覺醒的基礎，並為台灣民主發展的每個階段帶來新意義。

———**蔡英文**（民進黨主席）

美麗島事件發生之後，讓台灣的體制從封閉走向開放，並且在政治、社會、文化上都產生極大的影響。

———**謝三泰**（資深報導攝影工作者）

楊索（作家） **楊翠**（國立東華大學華文文學系副教授） **潘建志**（醫師） **胡慧玲**（作家） ———**感動推薦**

目錄

在美麗島的旗幟下

陳芳明——文

　　三十餘年來的台灣家國，歷經多少風雨與急湍，沖刷多少淤泥與頑石，才到達一個歷史的高度。站在這時間的頂峰上，回望悲壯的風景之際，終於驚覺島上人民的意志是多麼強悍，也多麼無可動搖。而這一切，都不能不回到一九七九年的美麗島事件原點。迎接事件的三十五週年時，台灣正在經歷一場前所未有的換血運動。除了中央選舉之外，台灣地方從五都、縣市，到鄉鎮里，都捲入鋪天蓋地的選舉洪流裡。大規模地轉換歷史舞台，在一九七〇年代簡直是無可想像。那時的社會特別寧靜，由黨國所製造出來的幸福情境，使整個政治結構維持不變。那種超穩定的假象背後，無疑隱藏了太多憤怒的火種。只要稍有點燃，便立即遭到撲滅。小小的騷動，只不過是理想世界的點綴。

　　美麗島事件標誌著一個歷史的終結，也預告著一個歷史的開端。如果將之命名為民主運動的分水嶺，並不為過。在山嶺之前，是一片美麗如畫的江山。在山嶺之後，則暴露了千瘡百孔的社會。凡是經歷事件洗禮的年輕世代，都不能不受到衝擊。每個心靈都注入了前所未有的政治意識。這一群所謂的新世代，便是後來組黨運動的重要成員。如今他們都已經邁向晚境，應該可以獲得較為充分的時間長度，回顧這島國所穿越的政經變化。許多過剩的情緒，顯然也到了可以沉澱的時候。

一個民主運動的開啟，必須要有恰當的環境與條件來醞釀。跨過一九七○年，整個世界地圖開始重劃，至少，以美蘇兩國對峙的冷戰體制，似乎也跟著融化。那是一個終結的開始，當美國國務卿季辛吉提出以對話代替對抗的策略時，台灣所被賦予的反共任務，似乎也已經宣告完成。為了結束冷戰，美國逐漸減少在遠東的駐軍，把西太平洋的防衛任務次第交還給東亞各國。美軍撤走時，在地圖上把釣魚台劃歸日本統轄，就預示了國際政治即將重新洗牌。一九七一年，美國顯然已經無力維護中華民國在聯合國的席次，代表中國的台灣，幾乎是羞辱式地被逐出國際組織。一九七二年，尼克森特地親自造訪毛澤東，並且與周恩來簽訂《上海公報》。這項行動，就足夠說明美國有意放棄台灣。同年十月，日本首相田中角榮宣布與北京建交。當骨牌效應有了起頭，隨之倒下的，便是各國紛紛與台灣切斷外交關係。

　　當整個地球正在翻轉時，台灣的知識分子若是沒有感覺，便意味著心靈已經死去。恰恰相反，當國民黨繼續高喊「處變不驚」時，徹底觸怒了稍有思考的台灣良心。民主運動的醞造與集結，便是在如此險惡的環境下，逐漸成形。往後十年，這場運動終於建立了沛然莫之能禦的主導力量。站在對立面的是黨國體制，一個壟斷台灣所有利益的統治集團。台灣開始見證黨外雜誌的出現，許多陌生的議題如性別、族群、階級都在雜誌中受到廣泛討論。不僅如此，有關環境保護運動的文字，也次第發表於報刊雜誌。

　　民主運動再也不是停留於政治層面，它也牽涉到文學與文化的改造。在斷交的風潮裡，凡是能夠提筆的作家，有生以來開始注意到他們所賴以生存的土地。與黨外民主運動桴鼓相應的是，正在浮出地表的鄉土文學運動。隨之而來的是女性運動與環保運動，他們在不同的社會層面，也強烈感受到封閉體制的窒息。在那個單一價值的時代，任何運動無論是政治的或文化的，只要發出聲音就帶有抗議與批判的意味。而這些不同的聲音，最後都匯入了波瀾壯闊的民主運動。所謂單一價值，全然來自同樣的威權體制，它不容許異議之聲，更不容許有批判的行動。在那個時代，凡是任何運動受到鎮壓，便立即產生高度的政治意義。

　　美麗島政團的組成，便是在一連串的壓制行動之後，而不能不結合起來。一九七八年，戰後台灣首度見證一次全面改選的活動。包括立法院與國民大會的席次，首度開放給在地民眾參與競逐。那是相當稀罕的年代，所有的改革願望都寄託在全面改選。整個選舉活動臻於高潮之際，美國總統卡特突然宣布與北京建交。這是前所未有的政治衝擊，自一九五○年以來，台灣命運與美國政治緊緊綁在一起，已經成為台灣社會

生活習慣的一部分。無論是知識分子或尋常百姓，也已養成崇美或崇洋的生活脾性。或確切而言，那是台灣人民生命裡無可分割的價值。斷交消息傳來，即使是蔣經國，也無法壓抑內心的恐慌，遑論台灣社會的一般百姓。當人民期待一場勝選就要實現，國民黨突然宣布終止選舉。所有處在亢奮狀態的心靈，驟然遭到捻熄，那種無邊的失落與失望，自是可以想像。台灣對外關係受到切斷於先，台灣內部選舉又受到中斷於後，整個海島似乎找不到任何精神出口。戰後以來前所未有的憤怒，一步一步蓄積起來，簡直要到達臨界點。

　　《美麗島》雜誌發行於一九七九年八月，代表著台灣知識分子政治思考的成熟。這個政團，除了許信良有過留學經驗，其他所有的成員，都完全在台灣接受黨國教育。具體而言，他們是接受國民黨思想最完整的世代，卻能夠在僵化體制裡創造活潑的思維，這不能不說是台灣歷史的奇蹟，也是在國民黨教育下所開出的奇異花朵。從此歷史挾泥沙俱下，無論是上班族、學生、農民、勞工，都從不同的領域加入這個行列。較諸一九六〇年雷震的《自由中國》，這新的形勢確是有過之而無不及。七〇年代才剛剛成形的中產階級，幾乎都以顯性或隱性的方式在背後支持。當時張俊宏則稱之為中智階級，意味著一個和平改革的時代已經到來。

　　在一定意義上，政團的成立其實是朝向一個政黨的建立而發展。它所釋放出來的意義，恐怕不能只由政治角度來詮釋，還包括了經濟、社會、文化的不同願望。一九七九年十二月十日國際人權日，美麗島政團在高雄舉行人權遊行活動，正是要把雜誌的內在精神彰顯出來。當他們公開提出思想自由、組黨自由、言論自由的標語時，正好對照了國民黨所統治的台灣，是何等封閉，何等鎖國。處在這樣歷史轉折的關頭，已經超出國民黨所能容忍的程度。當天晚上，才爆發了「未暴先鎮，鎮而後暴」的局面。這是非常典型的悲劇，亦即預知逮捕行動隨時可能發生，所有的領導者還是赴湯蹈火，走向歷史舞台。

　　緊隨事件之後，台灣進入一個前所未有荒涼而恐怖的階段。首先是全島大逮捕，接踵而來的是林家血案，最後是美麗島大審。那是最原始的犧牲儀式，必須以生命、肉身作為祭品，才有可能滿足一黨獨大的權力慾望。每一個手段都極其殘忍，完全喪失人性。必得穿越這樣的歷史階段，或許台灣的靈魂才有可能獲得重生。那種凌遲、鞭笞、刑求的滋味，非常公平地分配在每位台灣住民的命運裡。當權者親手撲滅了一個時代的希望，但他們並不知道，在種種政治巫術的背後，一個新的世代也正在誕生。

美麗島事件不能視同革命，當然也不是政變，更不是官方所宣稱的暴動。然而，它所產生的意義，對新世代而言，已經在心靈裡釀造了一場革命式的風暴。他們徹底與黨國體制劃清界線，或是在血脈深處，他們徹底看不起這種猥瑣的統治者。如果要檢討一九八〇年代以後的民主運動，或民進黨的組黨成功，或戒嚴體制的宣布解除，我們都必須回溯到這場改變歷史流向的美麗島事件。欠缺對這個事件的具體認識，我們就無法建立一個完整的史觀，更不能對台灣的過去與未來，整理出全面的解釋。

《反抗的意志》是台灣民主運動的影像史，跨越一九七七年至七九年，恰好是最為關鍵時期的記憶。當我們對這些黑白照片投以深情的回眸，便深深感受到歷史沖刷的力道。在網路、手機、平板盛行的現在，這些靜態的影像紀錄，或許不夠生動，但我們必須承認，一幀靜態影像確實是勝過千言萬語。我們都是歷史的產物，曾經閃現在古典時間的光與影，都對著我們這個世代投以強烈的暗示。我們對民主價值的信仰，對政黨政治的信念，對政黨輪替的信任，應該都歸功於美麗島時期所播下的種子。每一張照片，就是一粒種子，埋在記憶底層持續抽芽茁壯。三十五年過去，那些種子已經形成盤根錯節的歷史脈絡，蔚為一株巨大的樹，對現在年輕世代覆蓋以濃郁的綠蔭。日後的民主運動，都是在美麗島的旗幟下出發。這些記憶的莊嚴意義，便是為我們的後世開啟無窮盡的想像，也綻放無止盡的希望。

解除恐懼的魔咒

施明德——文

太陽花學運的那段日子，嘉君幾乎每天都陪著小板和笱笱在立法院圍牆外，中午才帶她們回家梳洗休息，晚上又趕過去。對兩個十五、六歲的孩子，那是一個很特別的教場。三月二十四日，學生衝佔行政院，她們也在現場承受噴水及警察盾頂、腳踏。中午，我親自開車去接她們回家。

在車上，她們陳述如何遭到警力的驅趕。她們描繪出像電影般的情節，這是孩子的第一次。我問她們在警察持棍盾逼近時，會不會恐懼？會不會害怕？

小板用非常嚴肅又堅決的眼神說：「為什麼會恐懼？為什麼要怕？爸爸，你生而為奴，要反抗主子，反抗統治者，你們才會懼怕。我們生而為自由人，我們在捍衛民主，守護國家，有什麼好怕的。」

一九四五年，台灣史上又一次更替外來統治者。二戰末期，麥克阿瑟元帥的越島戰略，放棄登陸台灣，改而進攻琉球。戰爭結束，並由中國政府軍事佔領台灣。那時，台灣人還夾道歡迎「回歸祖國」。短短一年半，就爆發了二二八事件。軍管政府的暴政，引起抗暴，抗暴招致中國派軍來台鎮壓。人類歷史上常見的法則：「暴政→抗暴→鎮暴」三部曲，在台灣上演。蔣家政權全面性的鎮壓、清鄉、屠殺。接著蔣介

石兵敗來台，立即採行報復性的白色恐怖統治，台灣從此邁入有史以來最顫慄的沉默時代，恐懼成為台灣子民每分每秒必須吸入的空氣成分。

在那段漫長的三十幾年中，絕大多數的台灣人不得不淪為順民，不少人投誠求榮，極少數幸運者出國留學不敢回來。非常、非常少數的反抗者，不是就義於刑場，就是囚禁於泰源監獄和火燒島。蔣氏父子深諳馬基維里的統治術，與其讓人民愛戴，不如讓人民恐懼。

恐懼的人民，不只不敢反抗，更會高聲歌頌統治者的「德政」。遠離那個時代的台灣人，也許不太能體會，但看看今日北韓金正恩的演出，就能聯想、領悟。

恐懼是反抗者的手銬，掙脫它是成為反抗者的初步。恐懼更是統治者的海洛因，他必須不斷對人民施打。

恐懼成為反抗者和統治者的拔河賽。

美麗島軍法大審不只是我們激昂的理想宣傳場所，也是一場「解除魔咒」的儀式，一場與恐懼感拔河的征戰。死神一直待在我身旁，隨時準備帶走我，我想祂知道我已從祂身旁閃避過兩次，我熟悉這種感覺。要睥睨統治者的權威，要鼓舞躲在暗處的朋友，要子子孫孫感到光榮，是我想從臨死的身軀擠出的最後剩餘的價值，我沒有空為自己求活。憲兵押解著我，從押房走到法庭，我一路保持微笑，刻意將一隻手插入口袋中，一派輕鬆。反抗者，必須如此！

獨裁統治集團也不是省油的燈，監獄長官特別為此跑到押房，告訴我：「你這種吊兒郎當的樣子，會給法官和上級很惡劣的印象，認為你不知悔改。出庭時，手不要插進口袋，表情嚴肅點。」施魔者和除魔者終於正面交手了。

接下來的庭訊，除魔者依然笑傲如故。有幾次，站在我兩側的憲兵趨近把我的雙手拉出口袋，我立刻又插入，他們又拉出來。最後，我只好雙手緊緊抓住口袋內的褲管，讓憲兵拉不出來。旁觀的攝影記者會拍到拉拉扯扯，當然不是獨裁政權願意讓人民看到的場面。最後，他們只好任由我傲笑法庭，進行我的除魔儀式。

死神奇怪地又棄我而去，我再度被判終身監禁，重啟我在火燒島一天又一天的監獄鬥爭。在獄中，我們看到，台灣人民正在從二二八事件的恐懼中解放，反抗行動更加飛揚，終於迫使獨裁者蔣經國在垂死之前的半年，宣告解除實施了三十八年的「戒嚴令」。蔣經國死前，副總統李登輝面見他，椅子仍然只敢坐三分之一，這樣的獨裁者，如今竟然還有人稱讚他是民主創造者！垂死的蔣經國，只是在臨死之前，沒有忘

記他年輕的留學國——俄國的歷史教訓：尼古拉二世被滅族的報應。他明智自救的手段，保住了蔣家後代迄今仍能快樂生活於台灣的機會。

自由，永遠是反抗者的戰利品，絕對不是掌權者的恩賜物。

美麗島事件已經三十五年了，對我這個誕生在日本時代，躲避過美軍的轟炸，經歷過二二八的血腥，白色恐怖的洗禮，監獄的淬煉，戀人別戀，遺產被佔，同志的出賣，大哥陪我絕食至死，黨的背叛，戰友的貪腐，家人的拋棄……，反抗者回顧滄桑來時路，品嚐了人性的高貴，也碰觸了人性的脆弱，我心沒有恨，我不想恨，我不能恨，因為我還想往前走下去，前面若有不義，也得繼續戰鬥。

人類歷史上的反抗之路，都是崎嶇，充滿考驗與血淚的旅程，不少人在路途中犧牲、奉獻了，更多人半途放棄；幸運走到終點，看到統治者倒下的，也常常嚐不到成功的果實。辛勤的耕耘者，往往被精明的鐮刀派取代。 但是，烈士之血，革命之花，反抗者的意志是國家的基石。反抗者的桂冠，常常只在歷史。

沒有烈士的鮮血，開不出美麗的國花；沒有反抗者的意志，築不起堂皇的國家殿堂。

再版這本影像書，特別感謝「時報出版」的用心。

舊版序

英靈與冤魂

施明德──文

一九七九年十二月十日,台灣人民首次慶祝世界人權日。當夜,在高雄市觸動了「二二八事件」以來,又一次當權集團和改革派勢力的街頭衝突。台灣現代史上的另一波浪頭,終於掀起,這就是「美麗島事件」。

事件發生後,統治者肅穆地宣稱要「嚴懲叛徒」!各類媒體齊聲呼應,殺伐之聲充塞全國,戒嚴令下的恐怖有力地震懾了大地。十二月十三日清晨,大逮捕的動作在全國同時展開。美麗島政團的工作者淪為沒有明天的囚徒,全國人民不是配合當權者的指揮棒起舞,就是在沉默中向台灣命運致哀。

非常意外地,當時擔任「美麗島事件」總指揮的我,在當權者第一波的大逮捕行動中竟然突圍成功,隨即展開了二十八天的逃亡時刻,也使國民黨政權頒下有史以來最高額度的緝拿獎金和最緊急的捉捕動作。在風聲鶴唳中,我知道已走到了生命的終點了⋯⋯。

在避難時,在被捕後,在「美麗島大審」中,童年目睹的「二二八事件」的場景,常常浮現腦海⋯⋯。

台灣歷史不是一首令人愉悅的史詩,反而是一連串更替外來統治者的紀錄。台灣

的命運是在十五世紀葡萄牙航海家經過台灣海峽時，驚呼：「福爾摩沙」聲中緩緩步入世界舞池。之後，它像陳小雲的「舞女」一般：

—— 一六二四年，荷蘭正式占領台灣，台灣首度成為殖民地。

—— 一六二六年，西班牙進占台灣北部，荷西兩國瓜分了台灣，十六年後，荷軍驅走了西班牙政權。

—— 一六六二年，在中國抗清戰爭中失利的鄭成功集團，以武力奪取了台灣，「漢化政策」於焉開始。

—— 一六八三年，鄭氏後裔降清。清國實行「封山海禁」長達一百九十年，一方面視台灣人為「化外之民」，一方面強力推展漢化政策。

—— 一八九五年，中日甲午戰爭後，戰敗的中國，將台灣永久割讓給日本。台灣人民宣布建立亞洲第一個民主共和國「台灣民主國」。台灣人民孤軍與日軍血戰數月，兵敗。「台灣民主國」滅亡。日本統治台灣。

—— 一九四五年，第二次世界大戰終止。戰勝國美國和中國，分別占領日本在亞洲的殖民地。

一九四五年，台灣再度被中國占領，本來對中國和台灣，都是一次難得的歷史性機緣，可以縫合裂痕和生疏。童年的我，印象深刻地記得，台灣人沿著高雄港到火車站，夾道歡呼，鑼鼓喧天，爆竹聲不絕於耳！可惜僅僅兩年不到，台灣人「回歸祖國美夢」乍然驚醒。發現除了台灣之外，台灣人沒有別的祖國。

中國接收政府的暴政，引爆了台灣人民的抗暴，抗暴招致中國統治者無情的鎮暴。「暴政，抗暴，鎮暴」，這就是「二二八事件」的三部曲，也是人類發展史中屢見不鮮的軌跡。

「二二八事件」是影響我一生極深的因素之一。

那年，我已七歲，住在高雄火車站前，親眼目睹抗暴的台灣青年端著槍進攻火車站，和國民黨軍進行槍戰。反抗者前仆後繼的英勇，歷歷在目；事件後，多次肅立家門口，向行刑前高呼「台灣萬歲」的反抗者致敬。這些，和後來在警備總部軍法處又看到的就義者，都鑄造了台灣的英靈形象。

一個國族，如果只有悲情，只有苦難的象徵，而沒有英靈的形象，我不相信這種國族會長存於世，更不相信這種國族能傲然獨立。

很遺憾的是，台灣人並不珍視台灣英靈，台灣社會也沒有建構起奉養台灣英靈的

沃土。近幾年，「二二八事件」已獲得相當平反，遺族們和社會各界也可以毫無忌憚地談述「二二八事件」的種種。可惜，不管從遺族們或學術機構（包括中央研究院所撰述的「口述歷史」），我們所聽到的或看到的絕大多數是「冤魂的悲泣」──「我的父親（或兄長）為了調解雙方衝突，也被當作暴徒殺了」，「我的父親（或兄長）是當時的社會菁英，無緣無故被抓走了（或失蹤了），一去不返，迄今連埋骨何處都不知道」……。

我知道，在國民黨鎮暴時期，一定有些人士無端受到株連，成為冤魂。但，「二二八事件」中，絕對不只是僅僅有「冤魂」，確確實實還有許多反抗國民黨暴政的英靈！我清楚，在白色恐怖時代，把自己的父兄塑造成「冤魂」是比較能避免當權者的反彈。但，面對歷史，我們都該做個誠實的小孩。何況，冤魂只能贏得憐憫，一掬同情之淚；英靈，應該得到禮敬，謳歌和崇拜！沒有英靈的國族，如同一隻無脊椎動物。

漫長的生命中，在面對兩次死刑的審判，在苦刑中，在漫漫苦牢裡，在誘惑和壓力下，給我智慧，給我能力，給我膽識，給我能量的，不是冤魂的聲音，而是那些還不知名、還沒迎入忠烈祠的英靈形象！這些從兒時便烙上心頭的英靈，總在我軟弱、我孤單、我徬徨、我動搖時，像一盞明燈，像一柱火把，領引我堅持下去。

台灣歷史，只撰述悲情，少刻畫英勇；台灣歷史，只有冤魂，少有英靈。這就是被統治者的集體人格特徵，這也就是台灣人難於掙脫被統治命運的基因之一。

在「二二八事件」的歷史論述中，我們大多只看到了「冤魂論」，少有「英靈論」。台灣人的這種人格特質，在論述「美麗島事件」時，又借屍還陽。這些年來，我看到、聽到黨外人士、民進黨人乃至美麗島受難人，在談「美麗島事件」時，幾乎已同一口徑：「那是國民黨設一個陷阱，讓美麗島人士在那裡打軍警，使國民黨有合理理由抓人，可憐的美麗島人士落進了陷阱。」這種「陷阱論」和「二二八事件」的「冤魂論」同一氣質，也許在事件發生後有利於黨外和民進黨人爭取社會同情，換來選票，卻是對歷史的不忠。這種不忠的特質，將會使台灣人民因小失大，永遠擺脫不了被統治的命運。台灣人必須走出自居為歷史的棄婦、怨女、童養媳的角色，才有機會坦然歌舞於世界舞台。

有鑑於「二二八事件口述歷史」的不夠真實，有鑑於忠實面對歷史的神聖性、重要性，在一九九六年台灣第一次民選總統中，民進黨總統候選人落選後，基于承擔政

治責任，我辭掉民主進步黨主席職位，轉而主持「新台灣研究文教基金會」，決心投入個人所有的精力、人力、物力，進行「美麗島事件口述歷史」的研究工程。

以一個純民間的基金會，既沒有黨、政支援，也沒有財團支持下，要完成這樁歷史性的工程，坦白說，真的非常艱苦。但是，歷經三年餘，就在「美麗島事件二十週年」前夕，這項口述歷史的初步成果完成了。從六百多萬逐字稿中，濃縮成六十萬字的「珍藏美麗島」套書就要出版了。我衷心期盼這樣堅實的努力，能帶動更多人願意為歷史工作付出。

當然，在推動這項研究工作的過程中，一定有不少令人致敬、致謝、感動或感慨的地方。雖然只是秀才人情，也的確值得在此記錄：

我必須向全體研究工作的人士致敬與致謝。三年多來，你（妳）們在菲薄的待遇下，努力工作的精神，令我由衷感念。你（妳）們的芳名，不只會印在這部套書之中而已。

我也必須代表「新台灣研究文教基金會」，向合作推動的中國時報系及慷慨捐助本計畫的好友們致謝。

最後，也請容我發一下小小的牢騷。這幾年中，常常有平時喜歡高論應該重視台灣文化及台灣歷史的人士及機構，對這項歷史工作不但不予協助，偶而還要諷刺、羞侮一番。不過，這類負面的壓力，一直被全體工作者及我，轉為鞭策的動力。所以，也值得記下數語。

「美麗島事件」的研究，這才只是一個起點而已。

1999.11.15

一念之間存與滅

———

記一九七〇年代末期
黨外民主運動影像史料的出土

陳世宏──文

被當作罪證的史料

一九七九年十二月十五日的深夜十一點多，台中市公園路私人的「統一檢驗院」已經拉下鐵門，女老闆江玉貞女士在三樓、四樓哄著四個小女兒睡覺。她接到里長的電話，說管區警員要過來。

傍晚，她的先生陳博文從台北回來時，已經在家門口被警備總部埋伏的人員帶走。這是她先生第三次因為政治因素入獄，而這次可能更嚴重；兩天前她才從電視上知道，參與過高雄「世界人權紀念日」遊行的黨外人士，已有十四名「陰謀分子」被當局逮捕。他們都是她先生的朋友，其中一位剛出獄兩年的政治犯還設籍在他家。面對未知的判決，他們都是「叛亂」的嫌犯，抄家、沒收財產也是政治「慣例」。

隨同管區警員衝進來的還有十幾個便衣人員，為了尋找陳博文預謀叛亂等等罪名的證據，他們一樓一樓地翻搜，無視於女主人的冷嘲熱諷，整個檢驗院大概除了裝 X 光底片的「電光盒」沒有打開外，全被翻過了，連女孩子們冬天禦寒的棉被也掀起來。

折騰到凌晨三、四點，他們強行帶走了十幾箱黨外人士最近兩年內出版的書刊，幾罐醫學檢驗用的化學藥水，和一大堆原本可以提早問世的照片和底片。

早上八點。天亮了，江女士照慣例拉起檢驗院的鐵門，等女雇員來，準備營業。好幾天以來就在對面騎樓下監視的人，那天好像沒有動靜，但是心中一塊陰影，感覺起來他們仍然沒有撤崗。家裡沒有男人，恰好，生意已經比較冷清了，還忙得過來。準備好女兒們的早餐和上學的便當；晚上，還得準備聆聽她們的疑惑，或者訴苦；比較懂事的，導師跟訓導人員當眾跟她說了什麼的，稍後幫她轉學，因為爸爸不是壞人。

好幾個星期後，每逢禮拜三她事先要炒好牛蒡、黑芝麻和自己拿手的好菜，連同安腦丸，帶去台北警總看守所。有時候，視力不好的許榮淑會開著張俊宏被逮捕後留下的大車來載她；她不能吃早餐，怕暈車，吐了，讓整車台中地區的黨外女眷難受。和先生會面，吃不下，回家途中常常連胃酸、膽汁也吐了。

幾個月後奇怪的事情發生，警總聯絡她，要她把這一大疊凌亂無章的照片和底片拿回去。

從高雄事件現場照片談起

取回這一批照片，加上江女士事先藏在電光盒裡面、未被警總人員搜去的，正好是一九七八、七九年間，陳博文參與黨外民主運動時期拍攝下來的歷史性紀錄。我們無法調閱二十年前警總那份查扣的公文和清單，難以追查江女士所領回的是不是他們沒收的全部。若是他們像處理一般過了時效或者政治敏感的檔案（譬如，雷震回憶錄）一樣，銷毀了那些照片，當時沒有人會追究：到底他們是毀了黨外人士的罪證，還是自己「毀滅歷史材料」的罪證？

高雄事件發生後，有關事件過程的影像紀錄，初期在國內媒體上只看到幾張警民衝突和事件後現場雜亂的靜態照片。當時的媒體一片打殺的怒吼，影像的價值被指向用來證明黨外人士「使用暴力」和「預謀叛亂」；少數同情黨外的報刊，不是噤聲，就是只能無力地要求「公布真相」，真正黨外的雜誌都被禁了。這一次台灣當代史上最重要的政治事件，過程慢慢被披露出來，是透過第一次公開的軍事審判，國內幾家主要報社摘錄了法庭的審理過程，軍事檢察官與被告對答的部分內容。然而黨外人士的親身見聞，經口耳相傳早已流通海內外，轉為眾多觀點殊異的論述；也有人憑記憶寫下事件經過，或為歷史留下見證，或為安頓內心驚惶，或淬礪了文藝創作，或抗拒

著社會的健忘。

但是，就像遊行現場潛藏各種變數、參與者身分的多樣與複雜，誰能夠清楚全面的事實，事後加以還原真貌？黨外人士沒有公平的管道，也欠缺有力的證明，包含「黨外人士使用暴力」以外的各種現場事實的證明。黨外當時應該有人拿照相機吧？幾萬名圍觀或者參與遊行的高雄市民中沒有業餘攝影家嗎？那麼多的憲警人員在現場，應該也有各種蒐證的器材吧？記者的作品呢？為什麼至今看不到呢？

遺憾的是，江女士拿回來的照片中沒有「高雄事件」。陳博文說他在現場拍了三、四卷照片，請台中的「真美照相館」沖出一組照片後，隔天就把底片丟了……篤定會被逮捕的、恐怖的心理壓力讓他做出一個不可思議的決定。接著十二月十二日他上去台北，想交給可信賴的黨外朋友司馬文武，試著傳送到國外的媒體發表。當天下午在美麗島雜誌社的黨外總部記者會後，據說許多黨外朋友看過了，王拓想刊登在他主辦的《春風》雜誌上，出版一個高雄事件專輯；不過隔日他就被捕了，《春風》雜誌不久也被停刊，跟《美麗島》雜誌命運一樣。據《春風》的記者汪立峽回憶，事件當晚他也拍了，他回到台北後發現他家和雜誌社都被特務監視，只好將還未沖洗的底片交給《八十年代》雜誌的作者林濁水，目的也是想辦法送到海外，公諸於世。後來海外出現了許多高雄事件現場照片，美國「台灣人權協會」也出版《高雄事件專輯》；到底是誰傳送到海外的？

失落的高雄事件影像，呈現了我們社會如何面對自己歷史的一端。當有人想追查十幾年以前台灣社會轉型的軌跡，想看看不同於官方說法的資料時，心中都浮現了以前的「警總」——它沒收了四十年異議人士的書刊，查扣了無以數計的民間智慧財產。即使當年它的理由多麼正當，現在這些還是整個社會的資產，但我們還沒有一套周詳的「國家檔案法」，允許大家走進去瞧瞧，不再心懷疑懼。

歷史的資產並不只屬於國家，歷史的解釋權也不是由當政者專擅定奪。過去威權時代的政府不會正視反對人士的歷史，國家圖書館也沒有重視「黨外」這項資產；想瞭解二十年前政治民主化與黨外運動的發展，我們不得不向民間私藏的文獻請求援助，也彰顯了口述歷史的重要。

戒嚴時期的黨外形象和新聞報導

反對陣營的人為什麼都想在海外揭發高雄事件的真相？而國內主流媒體對事件的

處理卻呈現一面倒？以陳博文為主的這批黨外活動照片，可能是一九四九年後國內最早有系統的政治報導攝影，為什麼遲遲無法完整的公開問世？以致悄悄地散逸？若問得簡單一點也許是：在怎麼樣的政治環境和社會氣氛下，使採取不同的政治主張和遊行構成叛亂行為？為什麼才「涉嫌」叛亂，就要被抄家？

二十幾年前黨外人士的活動，不容易出現在媒體上，即使在號稱「民主的法律假期」的選舉時刻裡，他們創意十足，花招百出，也是刻意被漠視。他們出現在「社會新聞」版小小方塊的時候，沒有照片，而且經常帶著報社編輯負面、聳動的標題。「中壢事件」後，黨外人士逐漸加強聯繫與嘗試組織化，與快速轉變中的台灣社會激盪出一股異於往常的政治熱情，不過，也一再被政府部門和許多新聞文化單位指責為破壞社會安定、分化政府與民間感情的罪魁禍首，甚至要為國家外交上的失利負責。

在一九七八年的三月一日，距離蔣經國被國民大會選為中華民國體制第六任總統的前幾天，行政院新聞局發布禁令，藉口「整頓社會風俗」，停止受理雜誌登記申請一年。這只是戒嚴時期政府長年新聞管制和文化檢查的一道小措施。之前，康寧祥、黃信介、張俊宏的《台灣政論》被停刊，兩位副總編輯——黃華被判十年徒刑，張金策流亡美國；這是典型的黨外雜誌的宿命。之後，假造的〈南海血書〉卻可以透過教育系統傳到每個中小學生手上，如同一九七二年的〈一個小市民的心聲〉連載之後，還被印成幾十萬本小冊子散發，質疑所謂「民主人士」的用心。主張「民主制衡」和「政黨政治」的黨外人士，和大有為政府「非常時期」的認知不相容，經常被懷疑是「海外台獨和共匪的同路人」。

一九七九年一月二十四日，在橋頭遊行的後兩天，兩份僅剩的黨外雜誌《夏潮》、《這一代》被勒令停刊。選舉活動已遭緊急行政命令停頓，言論又被多數媒體封鎖及攻擊，民主運動的發展瀕臨瓶頸，在這種情形下，藉由創辦雜誌發展別種策略的民主運動，激發更多黨外人士的共鳴。

陳博文的政治紀實攝影

覺得當時的媒體並未以公平客觀的角度報導黨外人士的活動，甚至加以扭曲、汙衊和栽贓，這是激發陳博文拿起相機記錄歷史真相的原因。但是，除了選舉，黨外通常只有以雜誌論政，在以政論文字為主和鄉土報導夾帶反對意識的黨外雜誌裡，陳博文的照片還是不容易出現。

其實當時照相機已經普遍走入日漸富庶的民間社會，台北市、台灣省的攝影協會會員急速擴充，沙龍影展和業餘旅遊攝影發展為主流，報導攝影也在報導文學的帶動下，初步走入寫實的市民生活，關心河川生態、傳統工藝或建築；但似乎還無法直接嗅到政治的味道。在一年多的時間裡，陳博文缺乏經驗又不計成本，專拍黨外的政治活動，這絕對是非主流的作法。

但是他早已找到一條實踐之路，因為黨外人士不得不熱愛選舉運動。一九七八年的選舉，他的好友施明德，敦請台北市黨外立委黃信介出面組織「台灣黨外人士助選團」，他在三個月期間拍了四十幾卷全省黨外人士舉辦的競選餐會、紀念儀式、民主座談會、以及空前熱烈的競選活動。他的照片第一次被印出，應該是在助選團的機關刊物《選訊》上，報導了「中山堂事件」。在施明德的號召下，他擔任助選團攝影組的主任，他台中的好友吳哲朗擔任採訪組主任，從此成為記錄美麗島政團前後歷史的重要搭檔。

當時不少黨外人士業餘也有在拍照，其中張富忠是藝專畢業生，記錄一九七七年許信良競選桃園縣長一役的《選舉萬歲》書中，照片出自他的手法，對影像的認識不會比四十一歲才拿起相機、連底片都不會沖洗的陳博文差；高雄遊行，剛從美國回來的張富忠也帶著相機去參加。在一些劫後倖存的照片裡，陳博文還拍到了艾琳達、曾心儀、張春男、劉峰松等人拿著照相機，為什麼他們沒有計畫性地、持續地記錄？陳博文始終沒有離開島內的黨外陣營，其中一個更特殊的原因是，十九歲被送入黑牢感化七年，他有一股政治犯的傻勁。

這股傻勁難免有一些盲點，他不是訓練有素的報導攝影師，善於觀察拍攝的環境和對象，能預判進行中的事件高潮，隨時調好焦距和景框；他其實是狂熱的反國民黨分子。拍完照，拿去沖，就趕快分送給黨外同志，或者請同情黨外民主運動的外籍神父轉交海外。他利用相機的機械性幫他記錄近百場的黨外活動，以為自己對歷史有了交代；回到家，還得和老婆輪班做病理檢驗工作，無暇去整理日積月累的作品，仔細「凝視」那些親身經歷過的時光凝結。二十年後，他仍然相信那是真實的，「全部都在那裡啦！」可是卻記不起來裡面許多人名和活動過程。許多事件仍然清楚地浮現在感光的溴化銀粒子上，但記憶的沙粒已經褪色，不再重複顯影。他是不是要把心中的事情趕出去？

陳博文的鏡頭也捕捉了很多的攝影者，他們身分不明，舉止特殊，羞於面對鏡頭，有時則帶有攻擊性。他們若是記者，報紙上卻常常只是「乾稿」。他們若是旁觀者、

黨外的同情者，沒有像陳博文幾乎跟隨每一次的黨外活動跑。他們若是特殊任務者，則我們更無法看到影像的內容和指向。有趣的問題是：也許他們某一個層次還是合作者，因為在戒嚴體制下，黨外人士的活動不管是公開或私下，都被監視著，這一種擔心瀰漫在當時黨外的人際圈，也浮現在陳博文的鏡頭中。前調查局副局長高明輝先生在《情治檔案》書中說，當時每一個黨外人士均是被分類蒐證的對象，這些不同來源的照片應該都是情治機關「職責上應該」接觸的材料。這也令人不難起疑竇，為什麼美麗島大審宣判後，陳博文這批照片會失而復現？顯然審判機關比較重視高雄事件的「使用暴力」，而對於「長、短程奪權計畫」的罪名，似乎調查局或警總人員並沒有仔細過濾事件以外的這批「罪證」，或是他們缺乏閱讀這批影像內在意義的耐心、時間及感情？

本身在說話的影像沒有說的……

無論如何，這批照片無法證實所謂的「叛亂」，卻印證了當時黨外民主運動的盛況。

美麗島大審後，黨外選舉解放了更強的政治熱情，黨外雜誌突破了更多禁忌，但是在熱鬧倥傯之中卻忽略了一些事情。陳博文交給司馬文武的照片，就在一場一場的選舉和編輯桌上散落了。他出獄後，最早整理並回顧這些底片、照片的，是八〇年代的體制外社會運動記錄者——「綠色小組」。既然精神相契，陳博文也不計較所謂的「智慧財產權」，某些照片就隨著「綠色小組」熾熱的錄影帶流傳在更廣闊的反對運動中。陸續有許多書刊，包括呂秀蓮女士的《重審美麗島》也曾運用到他的部分照片。一九九七年後，在「美麗島事件口述歷史工作室」史料出土運動的號召下，慢慢將各方的底片和檔案照片收歸一起，總計不重複的影像數量多達三千五百餘張。

拍攝日期起自一九七七年十一月「蘇洪月嬌競選省議員」，連同其他早期的彩色照片，應該是施明德和友人拍的，因為他們曾住在陳博文家，後來照片也放在一塊。至於陳博文開始學習拍照，大概是一九七八年初施明德在台中當記者，到六月底陳菊被警總短暫逮捕之間；學習拍照的對象，正是施明德和他剛剛認識的政治伴侶艾琳達。他以黨外集體活動為主的攝影，應該起於一九七八年十月中的「呂秀蓮競選拍賣餐會」。當時黑白軟片便宜許多，比較普遍，所以他比較少採用彩色軟片；其中有幾卷黑白分裝片，內碼編號和格數異於普通產品，似乎沖洗時發生不少技術問題。

一九七九年六月美麗島雜誌社成立以前，這些底片和當時放大沖洗的檔案照片因

為很少公開流通和使用，比較完整地保留下來。它們涵蓋了本影像書前半部的畫面。但自從該年四月底《潮流》地下報創刊，六月開始使用陳博文的照片，接著「黨外候選人聯誼會」的室外活動也很頻繁，多數影像的保存並不理想。尤其是《美麗島》雜誌八月正式發行以後，黨外總部和全省各服務處的活動很繁忙，雜誌社內部疏於整理，又經過大逮捕之後警總的搜查，底片大多已經遺失，部分刊登過的檔案照片也不見了。這個缺憾造成本書後半部幾個章節影質的落差，實際上也限制了編輯者對影像流動的正確把握。

高雄事件前一個多月，陳博文和吳哲朗聯手編撰一本《余登發七八生日會記實》，記錄了黨外人士和萬餘群眾在高雄鳳山慶賀余登發先生壽誕的熱烈場面。這是他們繼《潮流》之後的再度合作，不久之後也分別進了牢籠。若不是在半個月內就遭警總查禁，可能那是第一冊本土出版的報導攝影專書。《美麗島》雜誌第四期 107 頁記載警總查禁的理由是：「內容詆毀政府，歪曲事實，否定法律，挑撥政府與人民感情。」該書的影像內容，應該和本書第六章第四節所能呈現的要更好而完整，卻可能仍封存在警總的某個倉庫中。

拍攝者本人極少出現在鏡頭前，而身為「潮流案」的受害者，或者南北二地同時有黨外活動，或者其他因素，可以懷疑有些照片不是陳博文拍的。這些照片部分有打上拍攝日期，應為自動相機所拍，令人擔心的是，自動相機的日期是自動還是人工調整的？所以當年留下的文獻資料，以及其他當事人的口述回憶，是補充陳先生記憶空白的根據。不管是何人所拍，與本書影像相關的所有底片都由「綠色小組」轉交「美麗島事件口述歷史工作室」，所有當年沖洗的檔案照片則分別由陳博文、施明德、艾琳達、劉峰松、黃天福等人提供。

當時黨外陣營是個大家庭，同志的感覺很好，包含不同省籍和區域，有各種意識型態和思想流派，有國際友人和海外同鄉的贊助，也引起了國際媒體重視台灣的民主運動；陳博文等人的影像紀錄能比較順利地進行兩年，這些條件的配合其實很重要。但以陳博文的人際脈絡和政治關懷出發，加上當時人物不同的社會聲望和活躍狀態，鏡頭中人物出現的頻率自然有所不同；但凡是在黨外歷史舞台上留下了當年的活動形影，只要追查出演員的角色和姓名，本書總希望保留他們的位置。在這個角度下，加上影像本身記錄事件時的內在斷裂性，本書在人物的呈現上重於交代事件細節。文字本身作為圖說，各章序言交代黨外活動的時空背景和事件脈絡，也有串場之用。

家住台中，陳博文得以當日往返全省各地的黨外活動，也因為地緣關係，中部地

區的黨外人物和美麗島台中市服務處的活動，有了比較完整的紀錄。而這也讓他有一個與眾不同的歷史印象，就是台中市服務處的活動力比高雄市服務處還要旺盛，而且許多黨外活動的形式是從台中市開始試辦，再推廣到其他縣市，例如十一月二十號的「台中美麗島之夜」。終究，是他太投入了。

這份熱情，持續到他第三度進入戒嚴時期的黑牢，放下相機，黨外運動歷史影像的紀錄也殘缺了四年。

一進警總看守所時，他就被理光頭、狠狠地修理；接著是一段不清楚時間有多久的疲勞審問、套口供、被迫編自白書、誘逼咬出同志……他有更好的理由說他為何現在已經「遺忘」了。他拍照不是為了卡夫卡說的「要趕走心中的圖像」，而是迫於當年的政治現實，以及他二十六歲第一次走出黑牢時，心中醞釀很久的使命感。

後記：關於出土照片的整理，「美麗島事件口述歷史工作室」先以六個阿拉伯數字表示紀錄該活動或事件的公元年月日，繼之以英文字母A、B、C等表示該活動底片的卷數和卷序；其他尚未找到底片的檔案照片，暫以英文字母N編序。最後兩個阿拉伯數字表示底片上影像的格碼，或無底片檔案照片拍攝的可能順序，譬如「中壢事件」，各以771119N01及771120N01兩組表示事件當天及隔天兩個情形。這項編號系統預留開放度，為著其他相關照片的可能出土和持續的研究機會。

本書採用照片以陳博文提供為主，除了特別的提供者之外，在每張照片編號之後不再另外註明。高雄事件後的大逮捕使黨外民主運動中挫，陳博文與多數黨外人士被拉出影像之外，所以第八章的編輯材料承蒙「中國時報編輯部資訊中心」鼎力協助。不只如此，前面各章專業的新聞照片，和所有影像的數位掃瞄，也是「中國時報編輯部資訊中心」細心配合的成果。

●1977.11.19
包圍中壢分局的群眾。
(771119N12｜劉峰松提供)

韋本——文

| 序曲 |

意志的
凝聚

一九七七年
選舉與中壢事件

掌握共同命運的意志力

掌握自我命運的意志力撞擊著人的歷史。在無數意志的角力中，歷史向世人展現它的翻騰姿態，如永不休止的變奏曲。歷史拒絕全然被窺視；它從不輕易被任何單一的意志所掌握，總是嘲弄著無法認清時勢，卻一廂情願地宣稱已馴服歷史的人們。儘管時受挪揄，但為了掌握未來，人們仍盡其所能去控制環境，並牽動著周遭人們的命運。在每個當下，人們總是窺視著他人的意志，希望在詭譎多變的現象中分辨幻影與真實，而在集體意志的展現中見到歷史的意向。

一九四五年，二次大戰結束，日本帝國戰敗，歷經五十年殖民的台灣民眾期待著回歸母國，重建中國人的認同。未及兩年，台灣便發生反政府的全島性衝突，造成民眾的傷亡，史稱「二二八事件」。一九四九年，中國共產黨贏得內戰，國民黨退守台灣，二二八事件後持續進行的政治肅清工作更為加強，使整個一九五〇年代瀰漫著「白色恐怖」的肅殺氣氛。然而，官方媒體呈現的是延續中華民國法統的國民黨政府受到台灣人民的擁戴，在風雨飄搖中致力實現推翻中國共產黨政權的國家目標，台灣成為「三民主義的模範省」和「反共抗俄的復興基地」。在長期的黨禁、報禁、戒嚴令、凍結中央民意代表選舉和受統治階層支配的司法體制的系統運作下，執政者與人民的意志呈現出合而為一的景象；若有異議分子，可能就是受到共匪的蠱惑與唆使。

長期以來，台灣民眾無法參與中央選舉，於是地方選舉匯聚了民眾對鄉土國家前途的關切，試圖掌握自己前途的欲求，流露於各類選舉的行動中。儘管瀰漫著可能「落選被關」的恐懼，競選期間，持反對立場的候選人仍難壓抑批判時政的渴望，向民眾

●1977.11.19
蘇東啟穿囚服至雲林沿海的軍營散發選舉傳單，以台灣人為主的充員兵爭睹傳單。
(771119N25｜施明德提供)

揭露對自己所生存的社會的另一種認識；訴求的重點從個人身家遭受迫害的不幸遭遇和各級政府的施政弊端，逐漸提升到一黨獨大的現象亟需制衡，以及長期戒嚴所導致的體制性不合理現象。每次選舉，反對者的言論就如潮水一般，正侵蝕著當局對施政合理化的防波堤。關切自身存在的處境是人類的自然需求，對選民而言，在謀求身家溫飽之餘，異議人士的言論挑起自己對時局忐忑不安的關切，動搖了平日在諸般禁忌下知所進退的認知；在趨近和迴避真相之間，台灣社會的集體心境在危機感和安全感之間浮動。

然而，選舉法規常因執政黨的勝選考量而變動；黨國體制操控著媒體、政府機關及民間團體，群眾的自由意志淹沒在以綿密的人際網絡和財務進行的大規模動員之中；宣稱行政中立的選務機關在開票時常被認為有舞弊情事，以此輕易否決了民眾集體意志的展現；反對人士的下場不難預期。雖然關懷國家和鄉土僅存的一些政治管道

● 1977.11.19
包圍中壢分局的群眾，
其中一名站在翻倒的車
子上演講。
（771119N06｜劉峰松提供）

也遭扭曲，人民的無奈可以想像，但執政者掌握著各式統治工具，選民自難免受操縱，頂多將慍怒轉向消極的抗議：或是拒絕投票，或將不具實質意義的選票投入票箱；企求改變現狀的意志在看似毫無出路的苦悶中衝撞著。

雖然如此，位居優勢的統治階層仍難得到歷史的眷顧，因為他們忽視民眾的需求，因而無法理解，在因恐懼而瘖啞的人心中存在著難以察覺的深沉渴望；他們也忽視了在社會的幽暗之處，看似羸弱的個體正醞釀著集體的意志，即將產生撼動既有秩序的

● 1977.11.20
事件後群眾圍觀被焚燬的軍警車輛。
(771120N10｜劉峰松提供)

巨大能量。一旦持反對立場的候選人在「選舉假期」中突破了既有的遊戲規則所構築的困境，如一九七七年的桃園縣長候選人許信良，在眾目睽睽下即將碰觸主宰集體命運的權柄時，他們便成為凝聚反對意志的象徵。潛藏於個人心中的反對意志於是匯為發出怒吼的巨靈。

反對運動的里程碑

　　一九七七年是台灣實施地方自治的第二十七年，年底舉行五項地方公職人員選舉。十一月十九日是投票日；下午，在中壢警察分局前，斥喝之聲鼎沸，群眾強烈要求警方絕對不能包庇涉嫌選舉舞弊的中壢國小校長范姜新林；聞訊而來的人潮越聚越多。無人預知即將發生的群眾事件會搗毀軍警車輛，並將中壢分局焚燬；也無人能預測台灣各地的異議人士受到激勵，將反對的情緒化為行動，大量投入翌年的選舉，以及執政當局在深受驚駭之餘，開始編組鎮暴部隊。

　　但善體時勢的人都知道，台灣社會將不同以往了。國民教育的普及提升了知識水

準，群眾不易受到單一意識型態的愚弄；經濟發展創造了中產階級和中小企業者，他們有期望政治合理運作的實際需求，因而願意支持反對人士成為制衡的力量；時間的推移，使未經歷二二八事件的新生代沒有恐怖記憶的包袱，願意基於理想而投入政治行動。此外，知識分子參與選舉也蔚為風氣，反對運動不再由傳統的反對鄉紳所專有，已加入新的領導者和群眾基礎，產生有別以往的行動能力與指向。

在一九七七年的地方公職人員選舉之前，雖然時傳選務機關有舞弊情事，充滿期待和焦慮的群眾往往基於義憤而集體發起防衛行動；但身為凝聚反對意志象徵的當事人常扮演抑制群眾集體行動的安全閥，寧願在不公平的體制中竭力地作個別的抗爭；如一九七五年底立委選舉中的青年黨籍候選人郭雨新以一萬多張的廢票落選，雖然群眾的行動已箭在弦上，但郭雨新仍堅持循司法途徑進行選舉訴訟。

一九七七年的許信良已擔任五年省議員，深受部分青年與農民的支持；在投身縣長選舉之前即以《風雨之聲》、《當仁不讓》的新思維帶動風潮；於競選期間聲明「絕不容許舞弊」、「做票就是共產黨」，喚起群眾保衛選舉成果的決心；若有人做票，只有「打死共產黨」。隨著投票日接近，支持者的情緒逼近實際行動的臨界點；這一次，許信良終在群眾的支持下當選縣長。由於中壢事件的影響，當晚在其他縣市群眾的監督下，無黨籍的曾文坡、蘇南成、黃友仁也分別當選縣市長，並有二十餘位無黨籍候選人當選省議員；對執政當局而言，台灣似是遍地烽火。

這一年，因蔣介石總統逝世而獲減刑的施明德出獄不到半年，便擔任雲林縣省議員候選人蘇洪月嬌的總幹事。蘇氏夫婦因政治案件入獄多年，施明德將選舉主軸定為一場決定政治犯是否有罪的民意測驗；在競選期間，蘇家孩子們的衣服上以大字書寫著這場民意測驗的核心問題：孩子們的爸媽有罪嗎？蘇洪月嬌的高票當選，似乎說明了民眾的判決。在這場選舉中，蘇家的遭遇喚起民眾的回憶，他們重新感受自己和統治當局的關係，而免受統治機器與地方派系配票的操弄。任何人都可以看到，穿著囚服的蘇東啟沿街拜票時伸展懷抱的背影，以及漫天的爆竹煙塵的景象中，凝聚著掌握自己命運的集體意志。

一九七七年的地方選舉，在野人士獲得了相當的進展，點燃了群眾關心自身處境的熱情，鬆動了原本沉悶的政治氣壓。匯聚集體反對意志的熱望推動著如施明德一般的反對人士，在隔年的增額中央民意代表選舉中成立了第一個在野的助選團體「台灣黨外人士助選團」；一個凝聚集體意志的組織化工作正要開始。同時，以照相機記錄這股意志力發展實況的念頭，也悄悄地萌芽了。

● 1977.11.19
蘇東啟著囚服在雲林縣北
港鎮街道拜票,在鞭炮煙
硝中伸雙手抗議。
(771119N29│施明德提供)

蘇洪月嬌
競選省議員

一九七七年雲林地區
省議員的選舉,蘇洪月嬌
代替涉及 1961 年台獨叛
亂案的前雲林縣議員蘇東
啟競選。因台獨叛亂罪受
刑十五年,此時剛出獄半
年的施明德擔任競選總幹
事,他別出心裁,以政治
犯的人權向民意訴求,成
功地打贏選戰。

● 1977.11.19
蘇治源穿著標語「我爸爸有罪嗎?」為母親
蘇洪月嬌散發競選傳單。
(771119N26 ｜ 施明德提供)

● 1977.11.19

蘇洪月嬌拜票車隊至雲林縣口湖鄉，此地是前縣議員蘇東啟坐牢前的重要選區。

(771119N27 ｜施明德提供)

● 1977.11.20

當選後，蘇東啟夫婦與競選總幹事施明德在宅前合影。

(771120A19 ｜施明德提供)

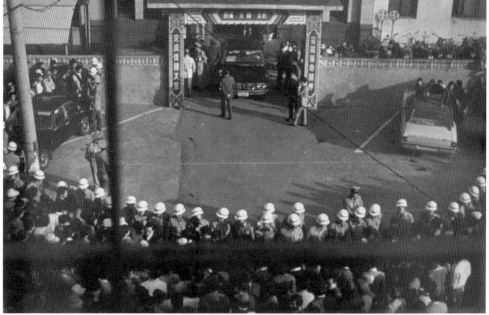

● 1977.11.19
包圍中壢分局的群眾，與圍成一圈
人牆的警察對峙。

(771119N02,N01 ｜劉峰松提供)

中壢事件

●1977.11.19
包圍中壢分局的群眾。這是鳥瞰圖。

〔771119N04│劉峰松提供〕

● 1977.11.19
包圍中壢分局的群眾阻
擋警車出去。

(771119N09｜劉峰松提供)

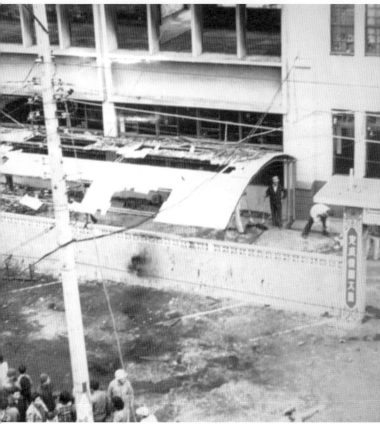

● 1977.11.20
被焚燬的中壢分局正面
一景。

(771119N27｜劉峰松提供)

台北市長
李登輝

● 1977.11.19

台北市長兼北市選委會主委李登輝（左一），12月3日主持台
北市候選人抽籤儀式，右為國民黨國大代表候選人李鍾桂。

（中國時報資料照片）

張建隆——文

|第一章|

蜂擁的
政治參與

———

一九七八年增額
中央民意代表選舉

一九七八年底的增額中央民代選舉，堪稱是台灣選舉史上的里程碑。無論是選情的激盪或選舉活動的創新，都是空前盛況。在被壓抑了三十年之後，台灣民間參政的渴望，在這一次的選舉活動中，一下子全都翻騰了起來。全面性的「國民黨組織戰vs.黨外宣傳戰」首度登場，其精彩可期。只可惜正值選戰高潮時，美國突然宣布與中華人民共和國建交，國民黨當局急踩煞車停止選舉，留下未分勝負的殘局。儘管如此，當年黨外陣營充滿活力和創意的選舉型態，已然預告了新的選舉時代的來臨。直至二十年後的今天，各種競選手法，包括：出書、募款餐會、選舉列車、造勢活動……仍然不出當年的選戰模式。

不同的是，當年的政治環境仍在戒嚴體制的白色恐怖陰影下，任何聚會活動都被當局視為禁忌。面對國民黨的龐大組織和嚴密控制，向來在野人士只能在侷促的社交圈內私下爭取親朋好友的支持，展開孤軍奮鬥的選舉活動。到了一九七八年的這場選舉，開始出現了許多不同已往的現象，最引人矚目的就是選舉餐會的興起。雖然早在一九七三年張俊宏參選台北市議員時，已首度引進美式的募款餐會，但當時尚未蔚為風氣。而據資料和照片，從一九七八年九月二十二日到十一月二十五日止，黨外人士以各種名目舉辦的餐會，至少有十九場之多：

時間	餐會	地點
9 月 22 日	■呂秀蓮民主餐會	台北市國賓大飯店
10 月 5 日	■陳婉真民主餐會	台北市再保大樓
10 月 6 日	■王拓民主餐會	台北市國賓大飯店
10 月 15 日	■施明德、艾琳達婚禮	台北市中國大飯店
10 月間	■呂秀蓮第二次民主餐會	中壢市公所大禮堂
10 月間	■呂秀蓮第三次民主餐會、拍賣會	桃園市今日大飯店
10 月 25 日	■高雄黑派聚會	高雄縣高苑工商
11 月 1 日	■張德銘參選餐會	桃園市今日大飯店
11 月 5 日	■陳鼓應民主餐會	台北市國賓大飯店

11 月 11 日	■陳婉真第二次民主餐會	台北市再保大樓
11 月 12 日	■楊青矗民主餐會	台中市中英大樓
11 月 15 日	■姚嘉文民主餐會	彰化市台灣大飯店
11 月 17 日	■黃煌雄「蔣渭水先生紀念歌發表會」	台北市大三元餐廳
11 月 18 日 下午二點	■郭一成「台灣民主鬥士郭國基先生追悼會」	高雄市忠孝一路
11 月 18 日 下午六點	■楊青矗第二次民主餐會	高雄市華王大飯店
11 月 18 日 晚上	■康寧祥民主餐會	台北市國賓大飯店
11 月 19 日	■張德銘「確認中壢事件的歷史地位」餐會	中壢市鳳仙飯店
11 月 24 日	■何文振民主餐會	台北市再保大樓
11 月 25 日	■陳鼓應演講餐會	台北市太華飯店

　　這些琳瑯滿目的選舉餐會，有的是典型的募款餐會，如呂秀蓮、陳婉真、王拓、陳鼓應、楊青矗、姚嘉文、康寧祥、何文振等；有的是紀念儀式或追悼會，如黃煌雄、郭一成、張德銘等；也有參選人的推舉會，如高雄黑派；其中最為奇特的是施明德、艾琳達的婚禮。不論如何，這些不同名目的餐會，都是為了要突破戒嚴時期禁止聚會的限制。餐會場所大多選在當時最氣派的飯店，受邀來賓不乏社會和學術菁英；這種大張旗鼓的作法反而使當局難以下手。不過相對的，會場裡也是諜影幢幢，甚至有特務當面對著受邀賓客拍照存證。

　　參加選舉餐會人數平均在兩、三百人到四、五百人之間，大多是全省各地的黨外菁英和支持者相互捧場聲援，無形中促成了全省黨外的大串連，對當時刻正積極推動的「台灣黨外人士助選團」發揮了臨門一腳的功能。助選團的總聯絡人黃信介幾乎每場必到，並在餐會中正式宣布成立助選團。雖非刻意安排，但許多餐會都呈現了一九七八年選舉的特殊意涵。例如民主運動前輩雷震出席施明德、艾琳達婚禮並擔任證婚人，郭一成為「台灣民主鬥士」郭國基舉行追悼會，以及黃煌雄在蔣渭水紀念會上邀請二十多位「文化協會」和「台灣民眾黨」的前輩與會，無疑宣告了黨外精神的民主傳承。還有部分文化界、新聞界以及知識界的出席餐會，也似乎預告著黨外陣營

的大結盟，尤其不分左右統獨的人際網絡，更加凝聚了在野的勢力。

當時最令國民黨頭痛的，除了全省各地黨外聲勢的高漲之外，就是陳婉真和陳鼓應的搭擋競選。兩陳當時都是國民黨員，而且一是前《中國時報》記者，一是前台大哲學系副教授，皆頗具代表性。兩陳之投入黨外陣營參選，產生了極大的政治效應；尤其是膾炙人口的〈告中國國民黨宣言〉，等於是打著三民主義的旗幟反國民黨。因此兩人設在台大校門口的言論廣場和「民主牆」，遂成為國民黨極右分子攻擊的對象。一場民主改革與安定「愛國」的對決於焉展開。

十二月八日選舉活動正式起跑，黨外人士助選團的選舉列車所到之處，無不受到民眾熱烈的回響；而助選團表明支持的對象，也隨之聲勢大漲。以中台灣為例，無論是老將黃順興、張春男，或新秀姚嘉文，他們的政見會幾乎場場爆滿，競選處也是士氣高昂。

從陳博文當年拍下的上述主題系列照片，可以一窺一九七八年選情的盛況。

我愛台灣

咱攏住台灣,命運相同款,
移民加反亂,勇氣代代傳,
誰人敢欺阮,為著愛台灣,
愛台灣流汗,流血亦甘願

呂秀蓮踏入政壇

● 1978.10
呂秀蓮在桃園今日飯店之競選拍賣會。
(7810xxB16)

北部
民主餐會

一九七八年增額中央民意代表選舉中,黨外最先舉行競選餐會的是桃園縣國大代表候選人呂秀蓮,隨後舉行餐會的也以北部黨外人士居多,包含陳鼓應、陳婉真、王拓、黃煌雄、康寧祥、張德銘、何文振等人,總共十三場。除了餐會以外,大部分候選人也以出書募集競選經費。

●1978.10
桃園縣長許信良（右
一）出席呂秀蓮在桃
園今日飯店的競選拍
賣會。
（7810xxB15）

**施明德與
外籍記者安德毅**
(Dennis Engbarth)

●1978.10
始終一副準備再度入獄的施明德出席
呂秀蓮的競選拍賣會。
（7810xxB15）

●1978.10

資深立委黃信介出席呂秀蓮在中壢的餐會,他在10月6日王拓的競選餐會上宣布發起黨外的助選團。

(7810xxA14)

呂秀蓮和其兄呂傳勝律師是中壢競選餐會的主角。

(7810xxA24)

●1978.10

呂秀蓮在桃園市今日飯店舉辦競選拍賣餐會情形。

(7810xxC05)

艾琳達（站立者）
活躍民主圈

●1978.11.05
台北市國大代表候選人陳鼓應的民主餐會在國賓飯店樓
外樓舉行，出席者以青年學生、文化界人士為主。
(781105N15｜艾琳達提供)

● 1978.11.11

（左圖）陳婉真在自己的競
選餐會致詞，出席人士包
含新聞界、文化界、台北
市議會人士和青年學生。
(781111B04)

（右圖）擔任陳婉真競選名
譽總幹事的作家孟祥柯。
在許信良等人策劃下，陳
婉真與陳鼓應搭檔競選，
決定總幹事人選。
(781111C29)

資深立委黃信介

● 1978.11.11

出任助選團總聯絡人的立
委黃信介，在北市立委候
選人陳婉真第二次的民主
餐會上致詞。
(781111A36)

何文振民主餐會中何文振(左起)、
黃信介、陳鼓應夫人湯鳳娥與擔
任司儀的陳鼓應合影。
(781124A33)

康寧祥身為北市立委候選人,亦出席演講。
(781124A21)

● 1978.11.24

第一選區台北縣國大代表候選人何文振
民主餐會的全景,「給國民黨的諍言」也
是他出版競選書的名稱。
(781124A10)

施明德與艾琳達的婚禮

● 1978.10.15

婚禮主角與兩位證婚人雷震（最右）、田朝明醫師（最左）合影，新娘抓著新郎顫抖的手。
(781015A22)

施明德、
艾琳達婚禮

戒嚴時代政治犯出獄後再度參與政治活動，施明德是最積極的一位。在多數黨外人士開始投身競選時，他敦請立委黃信介出面成立助選團，自己則在背後推動各項組織工作。他與艾琳達在該年六月十五日已經公證結婚，但在黨外聚會不易獲准的情形下，他們被要求補行婚禮，方便黨外人士加強聯繫，同時商議年底的選舉事宜。婚禮上四百名賓客，有來自各界各地、包含各種意識型態的異議人士，尤其邀請政治犯與會更是一大特色。

●1978.10.15

女儐相陳婉真（1）、蘇治芬（2）、蘇慶黎（3）、和證婚人之一田媽媽（4）、的合影，後立者（5、6）、為蘇東啟夫婦。

(781015A18)

●1978.10.15

婚禮司儀陳鼓應、總務劉峰松。

(781015A17)

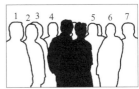

一群政治犯與新人

●1978.10.15

出席婚禮的政治犯與新人合影，左起黃憶源（1）、顏尹模（2）、蘇東啟夫婦（3、4）、魏廷朝（5）、張化民（6）、謝聰敏（7）。

(781015C37)

●1978.10.15
桃園縣長許信良致賀詞。
(781015B21)

●1978.10.15
婚禮女方的主婚人康寧
祥，是艾琳達在台居留的
保證人。
(781015C17)

●1978.10.15
婚禮攝影師陳博文（左）難
得進入鏡頭與新人合影。
陳說：「我才是真正的介
紹人。」
(781015C22)

出獄後的
雷震與陳菊

●1978.10.15

陳菊與雷震合影,這是雷震因 1960 年「中國民主黨」組黨運動被捕受刑十年出獄後,唯一也是最後一次的公開活動。

(781015C12)

●1978.10.15

前台北縣籍省議員李秋遠(右),正在調侃新人。

(781015C27)

作家王拓的演說引起中外賓客的歡笑。

(781015C34)

●1978.10.15

作家唐文標（左起）、王津平夫婦、《夏潮》總編輯蘇慶黎（右一）與新人合影，其他出席的
作家還有楊青矗、孟祥柯、黃春明、陳映真等人。　(781015D37)

●1978.10.15

前一年競選彰化縣長時，為無法履行政見而辭掉國大代表的張春男致詞。　(781015D10)

陳菊和司馬文武

陳菊與記者司馬文武合影，兩人交情起自 1970 年代初期
郭雨新最後一任省議員任內，歷經《台灣政論》時期。
(781015B20)

張俊宏與陳菊

● 1978.11.17

黃煌雄紀念蔣渭水的會場內，
張俊宏、陳菊正在翻閱黃煌雄
研究蔣渭水的文章。

(781117B12)

競選
紀念儀式

黨外民主運動逐步地推展台
灣歷史意識，他們想要傳承、
發揚的傳統，包含日據時代以
來台灣人反抗外來統治、追求
民主的精神。出身宜蘭的年輕
政治學者黃煌雄，以紀念日據
時代「台灣民眾黨」創始人蔣
渭水，作為競選立委的開端。
郭一成則在高雄追悼省議會「五
虎將」時期被稱為「郭大砲」
的叔父，已故立委郭國基，並
宣誓繼承民主的志業。而前一
年剛發生的「中壢事件」，對
黨外追求勝選更具指標作用。

●1978.11.17

外籍記者安德毅(Dennis Engbarth)和助選團機關刊物《選訊》的採訪組主任吳哲朗，
在黃煌雄競選會上交換情報。

(781117A33)

●1978.11.17

紀念會由張俊宏主持，前有外籍賓客和日據時期「文化協會」和「台灣民眾黨」的耆宿。
(781117B20)

康寧祥在紀念會上致詞。　(781117B29)

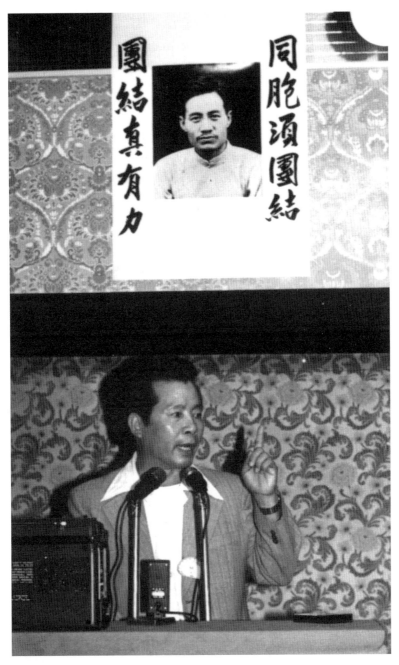

蘇東啟在紀念會上致詞，背後是蔣渭水的遺照和名言。
(781117C06)

● 1978.11.17
紀念會主角黃煌雄向前來
致詞的東海大學政治系教
授李聲庭握手致謝。

(781117C24)

憲法學者李鴻禧致詞。

(781117C36)

● 1978.11.17
節目中安排歌星白冰冰演唱台灣民謠。
(781117D23)

〈蔣渭水紀念歌〉的作者林二，
帶動與會人士合唱紀念歌。
(781117D36)

● 1978.11.17
與紀念會主角同為宜蘭縣籍的省議員林義雄致詞。　(781117E26)

●1978.11.18

在高雄市忠孝一路的競選總部前，國大代表候選人郭一成舉辦故立委「郭國基追悼會」。

(781118A17)

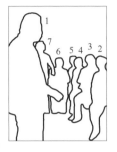

● 1978.11.18

北市立委黃信介(1)於會場中致詞，前
排聽眾為陳鼓應(2)蘇秋鎮(3)楊青矗(4)
施明德(5)省議員何春木(6)郭一成(7)。
(781118B28)

● 1978.11.18

郭一成與其父郭國清，在郭國基靈前念悼文，象徵民主運動的傳承。
(78118B02)

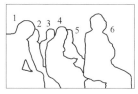

●1978.11.18

高雄人士許昆龍(1)、巫義德(2)、洪照男(3)、蘇慶黎(4)等人、和立委許世賢(5)、蘇東啟(6)聆聽省議員蘇洪月嬌演講，蘇慶黎忙為《夏潮》做選情報導。

(781118C12)

●1978.11.18

立委黃信介(1)、台中市省議員何春木(2)、第一屆增額立委許世賢(3)、蘇秋鎮(4)、和圍觀群眾向靈前致意，後立者為郭一成(5)。

(781118B19)

●1978.11.18

助選團總聯絡人黃信介向同一屆當選補選資深立委的郭國基遺照致敬。

(781118B12)

中壢事件主角
許信良

「中壢事件」一週年，主角人物桃園縣長許信良，
應邀在「確認中壢事件的歷史地位」會中致詞。
（781119A36）

長期支持黨外民主運動的
田朝明醫師發言時，會場
反應熱烈。
（781119A35）

●1978.11.19
《選舉萬歲》作者之一的張富忠，是許信良重要競選班底。該書記錄整個許信良競選過程，出版不久就被警總查禁，但黑市價格曾漲到每本一千元。
（781119B09）

中壢事件重要證人，卻以「偽證罪」被判緩刑三年的邱奕彬，在會中慷慨致詞。
（781119A26）

● 1978.11.19

出席紀念餐會的國中美術老師簡錦益，亦是許信良競選桃園縣長的班底。

(781119C28)

會場主辦人張德銘，是中壢事件「偽證案」的辯護律師，準備競選第二選區立法委員。

(781119B32)

余登發參加造勢活動

● 1978.10.25

高雄黑派在高雄縣高苑工商集會造勢，上圖左起為林景元、林應專、黃余秀鸞、余登發。

（781025A07｜施明德提供）

中南部
民主餐會

中南部黨外人士，除了工人團體立委候選人楊青矗在台中、國大代表候選人姚嘉文在彰化各有一場民主餐會外，以高雄民主餐會為主，分別由余登發和楊青矗主辦，高屏地區的黨外候選人均熱烈參與。前高雄縣長余登發除了推薦自己黑派班底候選人，也參與第五選區黨外候選人的協調，與助選團推動者展開串連。

● 1978.10.25

出席餐會的楊青矗(右二)、
艾琳達(背對鏡頭者),會
後訪問余登發。

(781025A16／施明德提供)

● 1978.11.12

出席楊青矗台中民主餐會的外國
記者貝乃德(Dirk Bennett)和學生
Rose-Marry Haddon,後者亦
協助黨外的人權工作。

(781112B27)

《夏潮》總編輯
蘇慶黎與艾琳達

《夏潮》的作者王曉波、
高準等人均上台發言,
總編輯蘇慶黎和擔任
助選團英文祕書的艾
琳達正在密談。

(781112B32)

●1978.11.12
楊青矗在台中市中英大樓舉
辦民主餐會,批評當時勞工
政策保護資本家、剝奪勞工
權益。
(781112B05)

主持人陳鼓應介紹作家楊
逵、立委黃順興等人上台發
言,之前由黃信介發表助選
團辦事細則和助選概要。
(781112B06)

日據時期「文化協會」運動者
張深(左)發言,另一主持人,
黨外新生代蘇治芬幫忙扶著
麥克風。
(781112B13)

●1978.11.12

（左圖）參與前一年台中市議員選舉的黃綉花致詞。她的女兒張溫鷹隨後加入黨外助選團，擔任第三選區聯絡人。（右圖）南投埔里國中的老師紀萬生，長期支持黨外活動，是中部黨外人士最佳助選員。

（781112B21,B29）

中部四縣市第三選區黨外候選人紛紛發言，范政祐（左起）、吳嘉邦、許哲男。

（781112B22,B24,B26）

●1978.11.18

在楊青矗的高雄民主餐會上，《民眾日報》記者吳春貴（左起）、施明德、第五選區立委候選人
洪照男輕鬆談話。

(781118C24)

●1978.11.18

高雄地方人士（左起）林景元、余登發、辜龍水列席，蘇慶黎正為下一期《夏潮》記錄黨外的競選活動。

(781118C26)

●1978.11.18

在楊青矗的民主餐會中，工人團體立委候選人楊青矗(左)與屏東的國大代表候選人邱茂男(右)合影。
(781118C31)

●1978.11.18

民主餐會的主角楊青矗(中)與妻子、親友合影。　(781118C35)

●1978.11.18
高雄黨外的名律師蘇秋鎮
致詞。
(781118F35)

高雄黑派領袖余登發致
詞,此會兼為第五選區高
雄縣市、屏東、澎湖的黨
外候選人協調會。
(781118D07)

第五選區立委候選人周平德。　(781118G15)

第五選區高雄市國代候選人陳武勳。　(781118G27)

●1978.12.08
競選第一天，陳鼓應（右）、陳婉真
（左）到台北地方法院按鈴控告北市
選委會任意刪改候選人政見。
（7812xxN01）

陳鼓應、陳婉真搭檔競選

　　同為國民黨籍的陳鼓應和陳婉真，聯合發表〈告別中國國民黨宣言〉，報備競選台北市國代和立委；在台大校門口附近設立「民主牆」和發表競選演說，成為那段「民主假期」最熱鬧的公共論壇。他們搭檔選舉所捲起的政治風潮，幾乎是當年台北市最令人印象深刻的競選活動。

● 1978.12

陳鼓應的競選總幹事許國泰，桃園縣長許信良之弟。　(7812xxN27)

● 1978.12

陳鼓應、陳婉真的一
組競選車隊到北投、
士林宣傳。
(7812xxN24)

競選陣營的年輕幹部在
羅斯福路公館附近用餐，
外套上有競選標語。
(7812xxN26)

蜂擁的政治參與 ｜ 073

● 1978.12

陳鼓應（右立者）、陳
婉真在台大校門口前
廣場的聯合發表政見，
是台北當年最令人印
象深刻的一場政見會。

(7812xxB14)

● 1978.12

陳鼓應演講後，助選員收到大批民眾捐款。據1978.12.11《自立晚報》報導：「陳鼓應說他絕不拿美金，
但青年朋友的錢，一毛、一塊都好。半小時內共募得一萬九千七百多元。」

(7812xxB19)

● 1978.12

「民主牆」全景。　(7812xxN41)

跟「民主牆」打對台的「愛國牆」正面。　(7812xxN46)

●1978.12
陳婉真的競選遊
行車隊行經台大
新生南路上，接
近「民主牆」。
(7812xxN39)

●1978.12
「民主牆」與「愛國牆」分庭抗禮。
(7812xxN47)

「愛國牆」上謾罵黨外立委候選人
康寧祥的海報。
(7812xxN47)

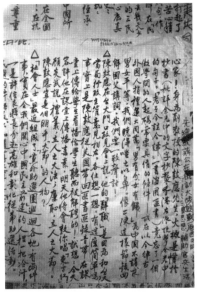

●1978.12

國民黨籍立委候選人葉潛昭的車隊散發競選傳
單，他還動員了影藝人員助選；其支持者加入
「愛國牆」，與「民主牆」打對台。

(中國時報資料照片)

●1978.12

「愛國牆」上一份批評陳鼓應
和許信良的大字報。

(7812xxN84)

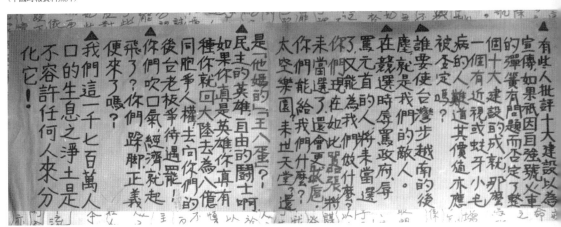

●1978.12

大字報的內容之一，以越南淪亡為例，批評所謂的「民主人士」。　(7812xxN73、7812xxN74)

● 1978.12

國民黨第三選區候選人張啟仲
等人的海報拼貼。

(中國時報資料照片)

中部
第三選區
選情

中部第三選區選情爆炸，
例如立委部分應選五人，國民
黨提名四人，黨外與無黨籍人
士則高達九名候選人，彰化共
有七人出馬，其中張春男和
黃順興是黨外最具代表性的。
在國大代表部分，助選團助選
目標以號稱「黨外護法」的姚
嘉文律師為主，另有劉峰松等
人的參選。陳博文就近拍得了
最多的選舉場面。

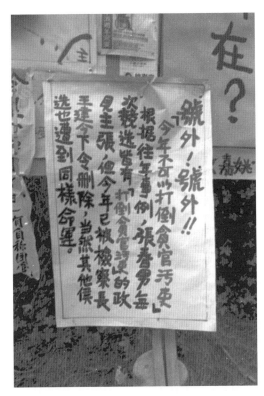

「打倒貪官汙吏」是立委候選人張春男
歷年參選的第一條政見。
(7812xxC20)

張春男在彰化火車站前廣場
的演講，人山人海。
(7812xxE25)

張春男的宣傳車暗以「中壢事件」為題，
提醒選民支持黨外人士。
(7812xxE23)

蜂擁的政治參與 | 079

• 1978.12
立委候選人黃順興在彰化
市私辦政見會的裝置，以
「還我民權」為口號，並出
版《永不退怯》競選書。
(7812xxE20)

同為第三選區立委候選人
的洪誌良，亦到黨外候選人
黃順興的演講台演說。
(7812xxG12)

黃順興在彰化另一場地的演講。
(7812xxE32)

黃順興的宣傳海報變成自稱是「精誠人」的
愛國牆。　(7812xxF08)

● 1978.12

助選團隨著工人團體立
委候選人楊青矗來到彰
化演講。

(7812xxG09)

● 1978.12

彰化縣國代候選人姚嘉
文設於彰化市民族路、
曉陽路口的競選總部。

(7812xxI02)

姚嘉文競選總部前之宣
傳海報,特別呼籲選民
拒絕賄選。

(7812xxI18)

● 1978.12.05

十二月五日，台灣黨外人士助選團在台北市中山堂主辦「全國黨外候選人座談會」和「中外記者招待會」全景，主席黃信介致詞，黃玉嬌和姚嘉文是副主席。主席台前是助選團的幹部群。

(781205A13)

張建隆———文

|第二章|

串連與
開戰

———

台灣黨外人士
助選團

一九七八年十月初，國民黨剛完成黨員推薦（提名）作業，黨外隨即宣布成立「台灣黨外人士助選團」，並積極展開部署。因受到去年五項地方性公職選舉多數黨外人士當選的衝擊，七八年的選戰未開，朝野雙方已有劍拔弩張的態勢。國民黨方面，在吸取了前一年失利的經驗之後，破例採行「報備參選」的輔選策略，以期發揮吸票和夾殺的奇襲效果。黨外方面，則是串連更多無黨籍和脫黨的社會人士，希望能乘勝追擊；同時應運而生的「助選團」，也突破了以往單打獨鬥的局面。

助選團發起人黃信介，原先只是想延續前一年康〔寧祥〕黃兩人全省巡迴助選的成果，繼續締造黨外勝選的佳績，但出任助選團總幹事的施明德，則存心利用選舉期間的「民主假期」，打破國民黨長期以來禁止在野人士發展組織的禁忌。在施明德的積極籌畫推動、省議員張俊宏和林義雄等人的全力配合以及黃信介的出面奔走之下，台灣戰後第一個組織化的黨外助選團，終於在十一月中正式運作。值得一提的是登記參選工人團體立委的楊青矗，主動促成以省議員為主的黨外公職人員登記為其助選員。因此陣容堅強的助選團，名義上是楊青矗的助選隊伍，實質上卻是可以巡迴全省為各選區黨外候選人助講的團隊。

設於台北市民族西路一七三號四樓的助選團總部，雖然設施簡陋，但規畫作業則相當有板有眼。除了人事組織力求完備（包括內部分工與對外連絡），更設計了共同標誌「人權」圖案、提出〈十二大政治建設〉共同政見，也制定了針對選戰實務的「黨外候選人共同對付選舉舞弊辦法」及「黨外候選人監票互助辦法」。共同政見中揭櫫的「中央民代全面改選」、「解除戒嚴令」、「司法獨立」、「言論自由」和「開放黨禁」等訴求，涵括了長期以來台灣民主運動追求的目標；而包含「經濟人權」、「政治人權」與「社會人權」的人權主張，則是對應時代脈動的前瞻性宣示。這些訴求和主張，不僅提升了黨外陣營的問政層次，也擴展了反對運動的社會基礎。

不過就實際運作而言，助選團總部似乎只是各候選人文宣和情報的交換中心，主要工作在安排助選員的助講行程。尤其草創伊始，助選團的地位和功能都有待考驗。十二月五日，助選團總部在台北市中山堂舉辦「全國黨外候選人座談會」，其目的即在促進黨外候選人之間以及和助選團之間的了解與默契，以期能順利推動助選團的運作。這是黨外人士首次在正式場合召開的會議，黨外群英雲集，候選人出席率高達九成，會中並邀請中外媒體記者自由發問。議程緊湊而井然，氣氛熱烈而團結，黨外從街頭跨進廟堂，展現了前所未有的新氣象。唯會議中途曾發生「反共義士」騷擾會場的小插曲，不意翌日黨營官營各報借題發揮，大肆批判，次日更發動社論圍剿，《聯

合報》也加入戰線，反而使得助選團聲名大噪；時逢選舉活動前夕，黨外陣營也因而聲勢大漲。因此十二月八日選舉活動正式開跑後，全省各地立即陷入選戰的激情中。

黨外助選團按照既定行程，兵分三路；第一組陳金德、邱連輝、周滄淵等到高雄鳳山。第二組張俊宏、何春木、康水木等到彰化員林。第三組黃信介、林義雄、李秋遠等在宜蘭和台北縣助選。第三天，十二月十日，助選團改分作南北兩團：北團由北往南，南團自南朝北，以南北包抄夾擊的戰術，並預定在投票日前夕在中部會師，把黨外的氣勢推向高潮。助選團所到之處，萬頭攢動，反應熱烈；而且全省各地黨外文宣攻勢凌厲，箭頭一致指向執政黨，形成朝野陣營攻防戰的對決局面。在雙方對峙的激盪下，黨外聲勢日趨高漲，助選團也成為最搶手的輔選列車，選戰的結果似乎已經勝券在握。

● 1978.11.24
年輕義工製作黨外候選人的共同標誌「人權符號」，設計者為張富忠。
(781124A06)

雖然就其功能而言，「台灣黨外人士助選團」只是應選舉而生的臨時性組織；但它成功地促成了全島黨外的大串連（即使是余登發領導的高雄黑派也都加入了行列），

並且提出全面性的改革訴求，尤其主要成員都是具有代表性的黨外菁英，因此助選團其實已具備了在野政團的雛形。不過，真正為黨外第一個正式的政團催生的，則是國民黨下一波的政治迫害。

●1978.12
助選團在台南縣學甲鎮幫立委候選人謝三升助選的場面。
（7812xxH36）

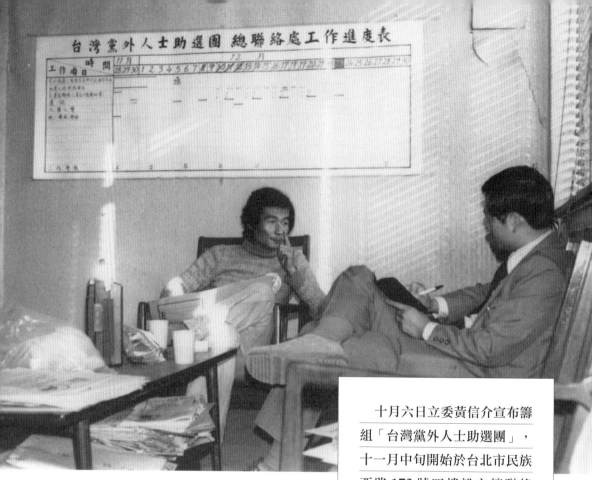

● 1978.11.24

記者採訪助選團總幹事施明德。牆上的工作進度表有：1.黨外候選人座談會及中外記者招待會，2.助選人巡迴路線表，3.各選區聯絡人職務（隨團祕書），4.通訊，5.人權之聲，6.統一標誌、歌曲……，7.工作會議（每四天一次）等工作。

（781124N12｜艾琳達提供）

助選團成立
與運作

　　十月六日立委黃信介宣布籌組「台灣黨外人士助選團」，十一月中旬開始於台北市民族西路 173 號四樓設立總聯絡處，下設祕書、隨團祕書、資料組、策畫組、美工組、選訊組、總務組、各選區聯絡辦事處等工作，大多由熱心黨外運動的年輕人擔任。總幹事施明德經常坐鎮總部內，或接受媒體採訪，或主持幹部工作會議，或安排助選路線，統籌黨外第一次大規模、有組織的助選事宜。

助選團總部建築物立面，樓下為台北市立委候選人黃天福的競選總部。

(781124N03 | 黃天福提供)

●1978.11.24

助選團總部場地正在籌設的情形，看板已做好。　(781124A05)

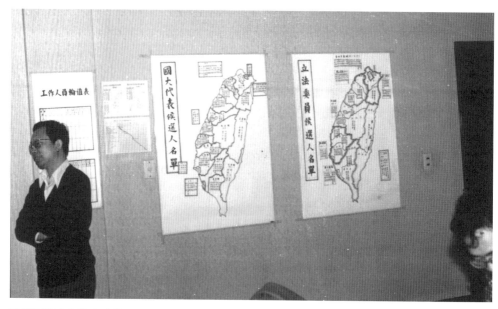

助選團辦公室牆上貼著全省增額立委、國大代表候選人的名單。　(781124A08)

● 1978.11.24

基隆的國大代表候選人王拓，在助選團辦公室與朋友討論選情。　（781124N15｜艾琳達提供）

● 1978.11.24

總部會客室成為黨外候選人交換情報、傳單和休息的中心；牆上標語是「黨外大團結，人權大開花」。

（781124N06｜艾琳達提供）

●1978.12
助選團某次幹部會議
的全景，由總幹事施
明德主持。
(7812xxA01)

●1978.12
資料組黃文柔、總幹
事施明德、第五選區
聯絡人黃重光、第一
選區聯絡人田秋堇。
(7812xxA11)

●1978.12

助選團英文祕書艾琳達(左起)、總幹事施明德、學生義工林亞卿。　(7812xxA16)

第三選區聯絡人張溫鷹(右一)等年輕幹部。　(7812xxA18)

青年幹部熱烈發言。　(7812xxA24)

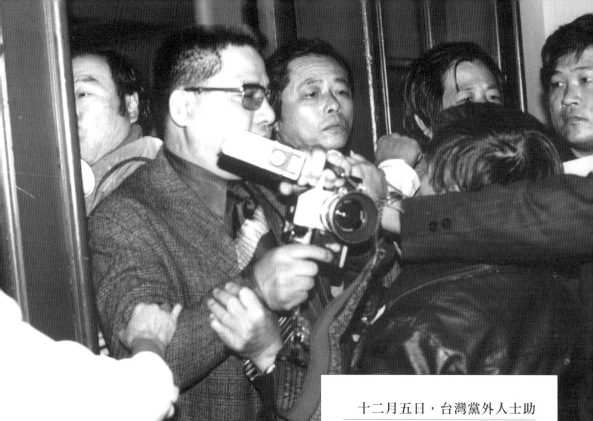

● 1978.12.05
會議前，未獲邀請的反
共義士強行進入會場，
引起衝突。
(781205A08)

中山堂事件

十二月五日，台灣黨外人士助選團在台北市中山堂主辦「全國黨外候選人座談會」和「中外記者招待會」，應邀前往的黨外候選人、助選員、記者約五百人。司儀蕭裕珍領唱國歌時，因「吾民所宗」一字之差，引起不請自來的反共義士勞政武、蕭玉井、沈光秀（沈野）等人抗議和騷擾，翌日各報均予顯著報導和批評，形成「中山堂事件」。日後勞、蕭二人具狀控告黨外人士「教唆殺人未遂」，姚嘉文等亦反控三人恐嚇及毀謗，纏訟不斷。

● 1978.12.05

前《自由中國》雜誌作
者、東海大學政治系
教授李聲庭應邀出席。

(781205A12)

● 1978.12.05

座談會的全景,主席
黃信介(背對立者)致
詞,黃玉嬌和姚嘉文
(背對坐者)是副主席。
主席台前是助選團的
幹部群。

(781205A16)

●1978.12.05
出席的中部省議員
蘇洪月嬌(左起)、
何春木、張俊宏均
為助選團成員。
(781205A30)

競選連任的台北市
立委康寧祥應邀做
「專題報告」。
(781205A29)

助選團總幹事施明
德在座談會中做「工
作報告」，背後主席
桌兩旁掛著「黨外大
團結，人權大開花」的
標語。
(781205B02)

● 1978.12.05

桃園縣長許信良(右一)應邀發言，因擔任地方行政首長無法擔任助選員，但鼓勵多人出來競選。

(781205B26)

工人團體立法委員候選人楊青矗發言。

(781205B11)

現場安排長老教會的鄭兒玉牧師(中)主持「民謠教唱」議程，帶動姚嘉文、張德銘和與會來賓合唱。

(781205B32)

●1978.12.05
《新聞週刊》（*Newsweek*）記者劉美齡（Melinda Liu）在記者會中提問。　（781205C12）

NBC 記者貝乃德（Dirk Bennett）在記者會中提問。　（781205C04）

●1978.12.05
台北市國代候選人陳鼓應發言，左下為助選團執行祕書陳菊，右下為助選團採訪組主任吳哲朗。
(781205C08)

1978.12.05
省議員林義雄(站立者)代表助選團成員發言。　(781205C21)

● 1978.12

助選團在桃園國大候選人呂秀蓮處開
會，出席者：蘇秋鎮律師(1)、吳哲朗
(2)、黃信介(3)、呂秀蓮(4)。
(7812xxB31)

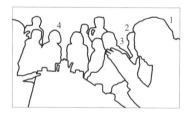

助選團
助選過程

競選活動從十二月
八日開始，台灣黨外人
士助選團分組到全省各
地黨外候選人的私辦政
見發表會站台演講，所
到之處，捲起民眾參與
政治的熱情，對新起的
黨外候選人聲勢極有幫
助，對國民黨候選人造
成極大威脅。陳博文的
鏡頭主要是跟著黃信介
領導的北團行動。

●1978.12
助選團跟著工人團體
立委候選人楊青矗的
競選路線，到桃園立
委候選人張德銘的私
辦政見會站台演講。
（7812xxB25）

省議員林義雄在彰化幫姚嘉文競選。　（7812xxC24）

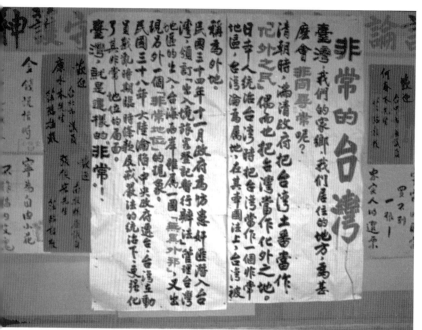

● 1978.12
彰化國代候選人姚嘉文的
海報〈非常的台灣〉，預告
助選團成員的蒞臨。
（7812xxC13）

台北市議員康水木在彰化幫姚嘉文競選。 （7812xxD03）

●1978.12
助選團登記在工人團體立委楊青矗
名下，與全省黨外候選人串連演講。
(7812xxC25)

●1978.12
省議員張俊宏在彰化幫姚嘉文競選。　(7812xxD35)

● 1978.12
助選過程中，陳博文抽空拍攝 1978 年台中市民族路長老教會紀念「世界人權日、普世聖經日」聯合紀念禮拜，由高俊明牧師主持。

(7812xxF24)

● 1978.12
助選團在北港鎮幫雲林縣的第四選區立委候選人黃蘇站台。 (7812xxG27)

• 1978.12

助選團總聯絡人黃信介，閱讀立委候選人謝三升的一幅海報：
地方法院説「生意都被（軍事法庭）搶走了。」

(7812xxH27)

• 1978.12

助選團北團的幾位成員在台南縣學甲鎮第四選區立委候選人謝三升的海報前合影。

(7812xxH19)

●1978.11~12

助選團成員：

雲林省議員蘇洪月嬌。
(781118C10)

屏東省議員邱連輝。
(781118D36)

桃園省議員黃玉嬌。
(7812xxJ18)

台北省議員陳金德。
(7812xxJ28)

基隆省議員周滄淵。
(7812xxJ33)

台中省議員何春木。
(781205C33)

●1978.12
助選團以「余登發、黃信介民主晚會」名義,在鳳山國父紀念館為立委候選人黃余秀鸞、國代候選人林應專助選,余登發親自出席。
(7812xxK28)

●1978.12.15
助選團北團 12 月 15 日晚在高雄助選後,洪照男(1)、吳哲朗(2)、何春木(3)、李秋遠(4)、黃信介(5)、黃重光(6)、蘇慶黎(7)齊聚用餐。蘇慶黎記得黃信介說:「我這一輩子最滿意就是這時候了。」
(7812xxL05)

●1978.12.28
美國談判代表團由亞太助理國務卿克里斯多福率領，於12月27日抵達松山機場，
隔日台美雙方代表團在圓山飯店開會。

(中國時報資料照片)

黃惠君——文

|第三章|

凍結的
民主熱潮

從「中」美斷交
至余登發被捕

民主的吶喊尚在街頭盤旋，社會底層鬱積的心聲正在黨外的演講場中湧出，一紙宣布停選的總統令轟然落下，熾熱的選戰戛然而止。

一九七八年十二月十五日，美國總統卡特宣布隔年一月一日將與中國（共）建立正式外交關係，並終止與中華民國的共同防禦條約。十六日凌晨二時，總統蔣經國獲悉美方決定，隨後發布緊急命令，軍事單位戒備，一切競選活動即日起停止。黨外助選團所凝聚的勝選氣勢因之凍結，蓄勢待發的能量就這樣懸垂在七〇年代末緊繃的時局下。

十六日上午，黨外增額立委康寧祥得知消息後，立即宣布自動停止競選活動，中午與台北縣國代候選人王兆釧聯名發表〈告同胞書〉；其他人有的先在省議員張俊宏家中討論，稍晚與紛抵台北的黨外人士在助選團總部連署〈社會人士對延期選舉的聲明〉，主張從速恢復選舉活動。

其實，美國自一九七一年即著手進行與中國關係正常化，終成定局的美「中」建交在台灣卻像突如其來的變局，一方面造成整個社會人心惶惶，開始一波波的移民潮；另一方面愛國情緒則進入前所未有的激烈狀態，既痛斥美方背信毀約，又指責黨外人士為分歧分子，破壞團結，意圖造成國家分裂。

在包括捐款購機等各式各樣的「愛國自強運動」中，最富戲劇性的莫過於發動全民研讀〈南海血書〉。此文由《中央日報》自十二月十九日開始刊載，隨後透過國民黨的黨、政、軍宣傳系統及教育文化機制，輸入每個人腦袋裡「今日不做為自由而奮戰的鬥士，明日將淪為海上漂流的難民」，無人不能琅琅上口。原先傳媒不斷報導越南難民流亡海上的景象，已經啟動民眾恐共的心理機制，此時又透過血書將「民主人士」或「改革人士」造成社會動亂、導致國家淪亡的邏輯，植入人民因斷交而恐慌的心理；黨外人士＝台獨分子＝中共同路人，這項歷史性的發明竟因此大行其道。就在這樣的氛圍鋪設完成後，「赤色恐怖」直接調色成「白色恐怖」，逮捕異議分子的合理性取得輿論基礎。

黨外人士在選舉期間，曾被誣指擁有手槍及偽製警察制服，預備製造動亂，嫁禍政府；而斷交後面對著充滿敵意的氛圍，在美國亞太助理國務卿克里斯多福來台談判前，部分人士即遭密集跟監，被逮捕、甚至暗殺的風聲不時聽聞。為了回應輿論的負面報導，並凝聚力量對抗可能的危機，一次全島性的集結快速醞釀，黨外人士擬定十二月二十五日假國賓飯店召開「國是會議」。

為避免郵寄被查扣，助選團總部特派陳菊親自將請帖送到中南部黨外候選人手中。

二十二日，陳菊和賀端蕃來到彰化羅厝天主堂，拜訪半年前逃亡時藏匿她的郭佳信神父，與陳博文、中南部教會人士齊聚一堂。影像未能說出的，是她沿途遭跟蹤與攔截的過程，尤其在高雄拜會洪照男時，南警部司令常持琇竟出面舉行鴻門宴，要求陳菊建議黨外取消會議，並說出請帖的數量和名單。

二十五日當天，國賓飯店受壓無法租借，並受到特務密集監視，自各地前來的黨外人士只好回到助選團總部。六十幾人擠在侷促的空間，陸續由余登發等六人發言，許信良作專題演說；會後發表〈黨外人士國是聲明〉，強調黨外人士擁護民主憲政與愛好和平的立場，並主張台灣的命運應由一千七百萬人民自行決定。余登發、黃順興等統派人士原對此表示異議，在施明德斡旋下，最後仍順利簽署；此一時期的黨外透過最大公約數集結各方力量，正朝向吸納、擴大的方向。而這段期間黨外人士遭逮捕的風聲四起，透過這次聚會，才知彼此仍然安在。

●1979.01.19
在「黨外人士國是會議」後，施明德為南部的「千人餐會」拜訪余登發。
（790119N01｜施明德提供）

低氣壓下，黨外並未喪失凝聚及擴展組織的意志。二十五日的國是會議雖受阻取消，黨外人士仍思突破之法。停選後，前高雄縣長余登發即表示願意出面領導，以其財力協助黨外人士繼續活動。於是擬定二月一日在高雄舉辦一千兩百桌的民主餐會，將黨外勢力往南擴展，完成助選團時期已具雛形的組織化工程。一月十九日，執行此計畫的總幹事施明德前往八卦寮余老先生家中，商談餐會事宜。不料，二十一日凌晨五時，余登發竟以「涉嫌參與匪諜吳泰安叛亂」罪名遭逮捕，稍後，其子余瑞言亦被捕。

　　當天早上七時，張俊宏接獲省議會同仁余陳月瑛通知，得悉余登發被捕，北部十幾位黨外人士緊急聚會張德銘律師事務所。許信良判定此乃國民黨大舉逮捕黨外人士的開端，必須強力回應：「像余氏這樣在高雄地區擁有勢力的人物都捉，還有什麼人不敢捉？我們不能再坐待別人宰割了！」＊誰能免除這樣的恐懼，以為自己可以是這一波逮捕聲中的倖存者？而正當開展的民主運動，豈可再因抓人而萎縮！走上街頭成為命運交關的賭注。但在戒嚴令壓制下，這一步要踏出去何等沉重？

　　決議遊行後，先進行初步的工作分配，分頭展開聯繫，部分人士再到霧峰省議會聚集；驚懼恐怖的年代，尚難直言走上街頭，只能以前往余家「慰問」的方式聚合大家，亦免消息走漏。會後眾人靜然離去，各自交代後事，於午夜分抵高雄。

　　一月二十二日早上，二十幾位黨外人士披上名條，舉起「堅決反對政治迫害」、「立即釋放余登發父子」的旗幟，在警調單位一波波干擾下，走出台灣民主運動劃時代的一步──橋頭遊行。

＊引自〈台灣民主運動劃時代的一天〉，施明德。《美麗島》雜誌第四期，頁83–88。

●1978.12.16
獲知美國宣布與台灣政府斷
交，民眾在美軍軍事顧問團大
門前掛上抗議布條。
(781216A11)

台美斷交

十二月十五日，美國總
統卡特宣布將於隔年一月
一日與中國建立正式外交
關係，與台灣斷交，並終
止共同防禦條約。總統蔣
經國於是在十六日凌晨發
布緊急命令，暫停增額中
央民意代表的選舉。

選舉停止宣布當天，各地黨外人士紛紛到台北張俊宏家集會，草擬〈社會人士對延期選舉的聲明〉。
（781216N01｜艾琳達提供）

● 1978.12.22

陳菊拜訪雲林縣無黨籍省議員張賢東，
邀請參加「黨外人士國是會議」。

(781222A22)

黨外人士
國是會議

因應斷交後的變局，黨外
著手在十二月二十五日召開
「黨外人士國是會議」，派助
選團執行祕書陳菊親送請帖給
中南部黨外人士，張德銘律師
助理賀端蕃隨行，在台中時與
陳博文會合。之後他們沿路遭
到情治人員跟蹤和攔截，南警
部司令常持琇在高雄出面宴請
陳菊，要求陳菊建議黨外取消
國是會議，說出參與會議的人
數，使台北黨外人士以為陳菊
被捕。但陳菊拒絕，繼續完成
任務。

●1978.12.22

陳菊途經彰化羅厝天主堂，拜訪支持黨外運動的郭佳信神父(左三)、秦化民神父(左一)等神職人員。
(781222A18)

陳菊拜訪雲林黨外人士黃蘇時，
陳博文拍攝黃蘇張貼的停選聲明。
(781222A20)

●1978.12.25

參加「黨外人士國是會議」的許信良，看到預租地點國賓飯店樓外樓大門貼上：「內部整修，暫停營業」。
（781225A24）

在樓外樓等候的外籍記者採訪陳鼓應。　（781225A30）

● 1978.12.25

「黨外人士國是會議」預
定會場台北市國賓飯店
樓外樓實際情形。

(771225N02｜艾琳達提供)

穿西裝者站在電梯口，為每一位上去國賓飯店樓外樓的黨外人士拍照，右為南部黨外人士胡萬振。
(771225N01｜艾琳達提供)

●1978.12.25

省議員林義雄發言情形。　(781225B02)

●1978.12.25

黨外人士隨後轉回助選團總部開會，姚嘉文律師發言情形。　(781225A33)

● 1978.12.25

助選團總聯絡人，立委黃信介發言。

（781225B03）

桃園縣長許信良發言情形。

（781225A35）

● 1978.12.25

會議後，余登發（右坐者）、黃順興率先在〈黨外人士國是聲明〉簽名。　（781225N07｜施明德提供）

● 1979.01.22
遊行出發前，在余家騎樓下與海報合影。擠滿了圍觀的群眾，但他們並無加入行列。
(790122B05)

余登發父子被捕與橋頭遊行

在「黨外人士國是會議」後，半隱居的余登發先生願意出面領導黨外發展，並預計在高雄舉辦「千人大會餐」，擴展黨外組織。而調查局在一九七八年九月緝獲吳泰安匪諜叛亂案，十月起訴，始終未公布消息；直到一月二十一日凌晨才以余登發父子涉嫌吳泰安案為由加以逮捕。此舉引起黨外人士震驚，終至發動戒嚴時期民間第一次的示威遊行。

● 1998
余登發退隱的高雄縣仁武鄉
八卦寮養魚池全景近照。
(1998/6/29 ｜ 陳世宏攝影)

● 1979.01.22

余登發被捕的隔日一清早，余家門前就有許多高雄縣橋頭的鄉親議論紛紛。

(790122A04)

● 1979.01.22

中間戴眼鏡的不明人士突然進來余宅，
質疑黨外人士的行動。

(790122A13)

余家對面擁擠的圍觀人群中，
已有當地警員介入。

(790122A21)

● 1979.01.22
在商討遊行過程中，
施明德繼續聯絡其他
黨外人士。
(790122A06)

各地黨外人士紛紛在
〈為余氏父子被捕告
全國同胞書〉聲明上
簽名。
(790122A10)

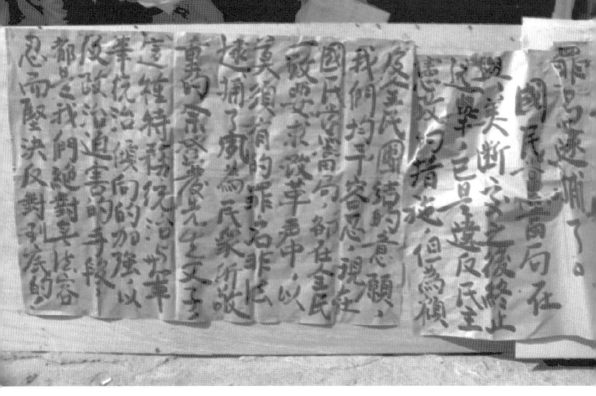

● 1979.01.22

姚嘉文口述，蕭裕珍現場抄寫大海報〈為余氏父子被捕告全國同胞書〉的全文。
（790122A25、A27、A29、A30）

● 1979.01.22

會議過程中，陳菊、艾琳達、陳婉真等女士在樓上準備遊行的抗議布條和黨外人士的名條。
（790122A33）

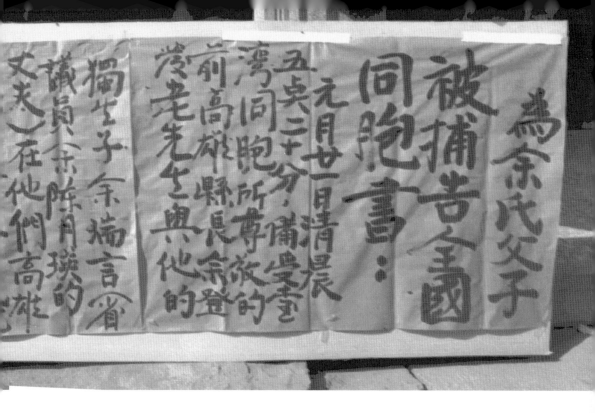

為余氏父子被捕告全國同胞書：

元月廿一日清晨五點二十分，備受臺灣同胞所尊敬的前高雄縣長余登發老先生與他的獨生子余瑞言（省議員余陳月瑛的丈夫）在他們高雄...

●1979.01.22
行前會議，許信良主張遊行，張春男、黃順興、邱連輝等首先附議。
(790122A35)

● 1979.01.22

（1）出發前，成員在余家騎樓下與海報合影。擠滿了圍觀的群眾，但他們並無加入行列。
（790122B06）

（2）（3）（4）隊行隊伍從余家出發右轉，穿越狹窄的橋頭路，來到市場，群眾疏離，黨外人士的表情嚴肅。
（790122B13、B16、B17）

（5）遊行隊伍穿越市場，右轉市場街準備通往省道時，警察出面干涉。
（790122B19）

（6）警察阻止無果，黨外人士推舉張春男拿著余家提供的擴音器呼籲鄉親支持正義，走向省道。
（790122N18│艾琳達提供）

（7）（8）在高雄縣橋頭鄉省道上擺開的遊行隊伍，夾雜在車陣中。
（790122B21、790122B22）

（9）遊行隊伍轉進省道路旁的橋頭派出所，由姚嘉文律師遞交抗議書。
（790122N23│艾琳達提供）

1 2

4 5

7 8

反抗的意志

●1979.01.22

(1)姚嘉文律師向派出所主管遞交抗議書，返回黨外的遊行隊伍。
(790122B25)

(2)(3)搶拍鏡頭的不明人士。
(790122N25｜艾琳達提供)

(4)被疑為特務、搶拍鏡頭的不明人士。
(790122B26)

(5)隊伍繼續遊行，轉回橋頭路的地方信仰中心鳳橋宮，上香祈福。
(790122B29)

(6)遊行隊伍在鳳橋宮廟前廣場合影。
(790122B35)

(7)許多人隔著廟前晒穀場拍攝黨外人士的合影。
(790122C19)

(8)遊行橋頭街上一圈回來，地方警總人員立刻來到余家。
(790122C35)

(9)軍警人員在余宅內與余登發女婿高雄縣長黃友仁、媳婦省議員余陳月瑛進行溝通，試圖勸阻黨外人士遊行。
(790122D01)

①

②

④

⑤

⑦

⑧

(1)轟走警總人員，中午以餐盒果腹。
(790122D05)

(2)中午，橋頭鄉親繼續圍觀貼在余宅
外面聲援余登發父子的海報。
(790122D07)

(3)下午兩點出發繼續遊行，計畫搭乘
遊覽車前往鳳山、高雄市。
(790122D10)

(4)姚嘉文在高雄火車站前發表演說，
立刻引起群眾和警察圍觀。
(790122D14)

(5)特務企圖撕毀海報，引起姚嘉文、
曾心儀的強烈抗議。
(790122D21)

(6)特務企圖撕毀海報，曾心儀、艾琳
達、周平德與蕭裕珍向特務抗議。
(790122D23)

(7)特務企圖毆打艾琳達，施明德與王
拓向高雄市警察局第六分局長責問。
(790122D25)

(8)高雄火車站前圍觀群眾，仔細閱讀
車外的宣傳海報。
(790122D31)

(9)張春男向群眾演講，隨後黨外人士
驅車前往台北康寧祥宅，商議日後的
援救行動。
(790122D34)

● 1979.3.09

警總軍法處審理余登發父子涉嫌吳泰安匪諜案。

(中國時報資料照片)

黃惠君、陳世宏——文

|第四章|

政治迫害的救援

余案後續及
許信良休職案

歷經兩天一夜的奔波，橋頭遊行暫時止於高雄火車站前的演講，整台遊覽車的黨外人士直奔台北立委康寧祥家中，商議如何救援余登發父子。當晚即透過康寧祥與國民黨的關係，請梁肅戎向中央黨部祕書長張寶樹反映，要求不再擴大抓人；隔日再推派康寧祥、姚嘉文、張俊宏、呂秀蓮、黃友仁前往警總交涉，然卻只是各自表述，氣氛僵凍。同日，一月二十三日，反共義士沈光秀、勞政武、蕭玉井等三十餘人，成立「反共愛國鋤奸行動委員會」，發表〈聲討黑拳幫叛國罪行宣言〉，指責黨外人士發動遊行，呼籲政府予以制裁。

　　因談判沒有結果，黨外人士乃商討藉拜年名義再回南部舉行遊街，準備散發〈請問：憑什麼抓余登發父子？〉傳單。一月三十日，年初三，眾人齊集鳳山黃友仁縣長公館，省政府主席林洋港知悉他們「春節茶會」的目的，急電阻止。當日黨外人士除討論與國民黨談判原則外，並決議「慰問」桃園縣長許信良，因遊行過後媒體立即對他大加撻伐，省府更以曠職為由，將這位中壢事件的核心人物送監察院審查；會中黃信介也宣布把在康宅組成的「關心委員會」改組為「人權保護委員會」，後在施明德運作下擴大為六十人的團體，邀請鄭兒玉、王憲治兩位牧師擔任常委，正式納入基督教長老教會的力量。整個黨外為救援余登發又動了起來，組織化的工作因具體的目標再度復甦；斷交後的黨外勢力就在救援工作中一次次地盤整、凝聚、擴大。

　　為聲援許信良和揭露國民黨政治迫害，二月四日，黨外人士約三、四十人從桃園火車站出發，在民俗樂隊伴奏下，手舉「恭賀新禧」的紅色布條和「人權萬歲」匾額遊行市街。如橋頭示威一般，先到當地的信仰中心景福宮燒香祈福；之後黨外人士人手一枝香，沿途呼喊人權萬歲，到縣長公館致送聯名簽署的「人權萬歲」匾額予許信良。政治性遊行與民俗結合，成為早期突破戒嚴封鎖的一項重要發明，亦是民主運動的獨特運作形式。但是，緊接著媒體和省政府的圍剿，二月九日桃園縣議會以「縣政專題研究會」名義，邀許信良列席備詢並說明「特定事項」。五十位議員出席四十九位，質詢重點圍繞在許信良為什麼要聲援「匪諜」？為什麼許信良說「台灣」而不說「中華民國」？國民黨一波波的壓制與圍剿，有愈演愈烈之勢。

　　兩次遊行下來，黨外人士仍摸索著抗爭的路，二月二十四日及三月十八日他們又分別回到鳳山和橋頭聲援余氏家族；這兩次集會，國民黨皆動員安全和蒐證人員監控，現場右派人士貼出海報反駁，甚至撕毀黨外向在地群眾訴求的大字報，空氣中散布著緊張的氣氛。在此期間，新店警總軍法處在重要關係人吳泰安的配合供詞下，於三月九日開庭審理余氏父子，黨外人士結合國際特赦組織日本特派員前往聲援。一連串的

援救工作，阻止不了軍事法庭在四月十六日作出余登發徒刑八年，余瑞言徒刑二年、緩刑一年的宣判；黨外人士雖由律師姚嘉文提出覆判，心中亦知救援行動只能暫時告一段落，最後由「台灣人權委員會」發表〈我們願為台灣民主的前途坐牢〉聲明，劃下余案的句點。

值得一提的是，在四月十日美國總統卡特簽署〈台灣關係法〉後，斷交後懸盪未解的台灣安全問題有了新的局面；隔兩天，四十餘位黨外人士立刻在台北姚嘉文律師事務所集會，發表〈黨外國是聲明〉，主張台灣應該積極重返聯合國，尋求新的國際社會地位。陳鼓應表示因政治立場及見解不同，不願簽字。而此時黃信介、張俊宏、施明德等人研擬的黨外機關報已經開動，一個隱形的決策核心「五人小組」逐漸成形；其他黨外人士集結的形式也在多頭醞釀中。例如四月二十二日，陳菊、陳婉真以員工同樂會為名，在國賓飯店舉行聯合生日宴，各地參與者雖然多少受警察機關的詢問，仍有二百多人前來參加；餐會主要目的在為黨外籌募基金，思考余案的救援。黨外人士蓄勢待發，因停選而懸垂的力量再次轉動，與救援工作纏絞著，進入另一波組織化的準備期。

然而抗議政治迫害的結果並未換來正義，四月二十日監察院還是通過彈劾許信良案，並移送公務員懲戒委員會。黨外人士於是醞釀一次大規模的活動，將結果訴諸民意；五月二十六日，以許信良三十九歲生日為由在中壢舉行晚會。事前，各報即報導此次集會需加強防範不軌分子，桃園縣議會並通過決議案，請警備總部加強注意；當日早上黨外人士也獲悉國民黨四處散發傳單宣稱生日會已取消，黨部並下令工廠工人晚上加班，減少參與人數。

當天午後一時，說明許信良政績的大字報在路邊排開，頻遭查禁的黨外書刊在附近販賣，還有姚嘉文、陳菊剛剛編好的《黨外文選》，都造成搶購爭睹的熱潮。下午各方人士匯集鳳仙食堂二樓，五時左右已是水洩不通。黨外人士將演講所需設備都裝在卡車上，當晚餐後群眾齊至戶外會場，卡車一到，演講台、喇叭、燈光皆已就位；他們再一次踩出戒嚴的框架，在非選舉期間首度舉辦大型戶外政治演講，此舉讓預先負責清場的治安單位措手不及。這場生日宴被情治單位稱為「第二次中壢事件」，事後蔣經國徵詢警備總部司令汪敬煦，瞭解處理群眾運動的人物資源是否充分，後明令擴充憲警人員，以處理日益加劇的黨外集會。

從室內集會到戶外演講、到街頭遊行，黨外人士在空間上一次次突破戒嚴的禁忌，而常設性的組織在這段期間也漸漸有了初步的成果。危機感促發了黨外的內聚力，政

治迫害成為他們組織化的發酵劑；余案覆判雖未更改，許案又送交懲處，但台灣民主運動的另一階段已朝我們迎面走來。

●1979.01.23
陳婉真（左起）、陳菊、蘇慶黎等三位被國民黨媒體批評的「女寇」，在萬華康寧祥宅附近合影。
（790123A02）

● 1979.01.23

在 1 月 23 日會中，許信良向
關心余案的黨外人士分析情
勢，屋主康寧祥坐在旁邊。

（790123A01）

余案
救援行動

橋頭遊行後回到台北的當晚，黨外人士在康寧祥宅會議中決定與國民黨當局交涉和在台北遊行，隔日再度聚集康宅聽取溝通結果的報告，放棄在台北遊行的決議，成立余案後援的關心委員會。他們隨後在一月三十日、二月二十四日、三月十八日三度回到高雄聲援余家，也在救援過程中加緊聯絡和組織化的工作。

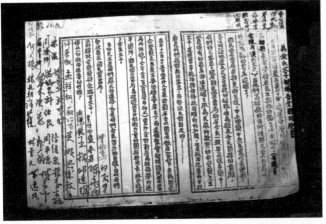

● 1979.01.23
〈為余氏父子被捕告全國同胞書〉
簽名情形的影印本。
(790123A10)

● 1979.01.23
余登發的被捕，引起呂國民、
張化民等幾位政治犯的關心。
(790123A08)

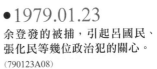

● 1979.01.23
在會中發言的姚嘉文律師（左圖）、省議員張俊宏（右圖）都是當時與警總交涉的要角。
(790123A14) (790123A19)

● 1979.01.23
洪誌良（左起）、吳哲朗、
蘇秋鎮、石文傑等人聆聽
另一「女寇」呂秀蓮的發言，
右一為許榮淑。
（790123A18）

● 1979.01.23
高雄縣長黃友仁在遊行隔
日亦北上參與救援會議，
他與康寧祥、張俊宏、呂
秀蓮、姚嘉文都是與警總
交涉的成員。
（790123A29）

屋主康寧祥發言，洪誌良
（右）在旁聆聽，後立者為
蘇東啟夫婦。
（790123A22）

● 1979.01.23
堅決附和許信良遊行主
張的黃順興(上圖)、陳
鼓應(中圖)、曾心儀(下
圖)分別發言，後者曾
強烈質疑康寧祥的救援
態度。
(790123A26,A31,A35)

●1979.01.30

張春男發言時，提議黨外人士擇日到桃園，集體慰問因參與遊行被省政府調查和媒體批判的許信良。

（790130B01）

前來聲援的田朝明醫師發言。

（790130B04）

●1979.01.30

高雄縣長黃友仁、桃園縣長許信良加入討論。當天省政府主席林洋港打電話來，希望黨外人士取消遊行。

（790130A21）

• 1979.01.30
在林洋港勸阻遊行下，黨外
人士在縣長公館外貼海報，
表示對余登發的支持。
(790130A14)

• 1979.01.30
會後，許信良與高雄地區的
黨外人士蔡精文(左二)、周
平德、楊青矗、陳武勳(右一)
等人合影。
(790130B35)

• 1979.01.30
1月30日是農曆正月初三，黨外人士以
黃信介為首，到橋頭散發〈請問：憑什麼
抓余登發父子？〉傳單，然後在黃友仁縣
長鳳山公館商討救援事宜。
(790130A18)

• 1979.01.30
余氏父子被捕，有人認同政府的作法
和媒體的報導，在台中貼出海報。
(790130A05)

●1979.2.24

縣長公館牆外，當地鄉親圍觀抗議國民黨亂抓人的海報。 （790224A08、A13）

●1979.2.24

黨外人士第二度回到鳳
山的縣長公館集合，準
備舉辦演講並在牆外張
貼抗議海報。

（790224A09,A10）

●1979.02.24
黨外的海報立刻引起不同
立場人士的文字反擊，傍
晚，一位高雄中學學生因
不滿黨外海報而加以撕毀，
引起衝突。
(790224A31) (790224A24)

●1979.02.24
在公館草坪上，高雄縣長
黃友仁感謝黨外人士的支
持，右行者為余陳月瑛。
(790224A22)

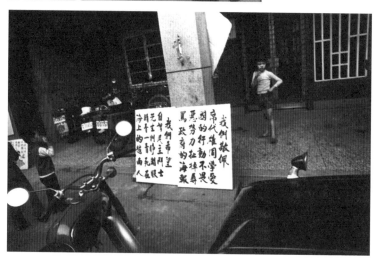

● 1979.03.18
蘇慶黎、陳鼓應等在橋頭
路、市場街散發支持余氏父
子的傳單給過路的鄉民，左
圖的警察監視著一舉一動。
(790318B01,B08)

● 1979.03.18
不同立場人士的發動
文字反擊，支持上一
次在鳳山引起衝突的
高雄中學學生。
(790318A34)

● 1979.03.18

黨外人士第三度回高雄
聲援余家，在橋頭鄉余
宅斜對面樓頂前有特務
錄影蒐證。

(790318A18)

● 1979.03.18

橋頭鄉余宅前，不同立場人士
貼出大字報，以「越南淪亡」的
例子做訴求。

(790318A22、A28、A31)

法庭上的余家父子

● 1979.03.09

余登發父子出庭神情。
左邊著法袍者為姚嘉文。

(中國時報資料照片)

余案開庭

余登發父子涉嫌「吳泰安匪諜案」，三月九日在警總軍法處第一法庭審理，姚嘉文擔任余瑞言的辯護律師，省議員余陳月瑛以輔佐人身分提出陳述意見狀，要求與證人對質。黃信介、張俊宏等黨外人士無法取得旁聽席，在軍法處大門外聚集，表示關心；國際特赦組織亦派員來台觀察。四月十六日，余登發以「知匪不報」、「為匪宣傳」被判八年徒刑，余瑞言以「知匪不報」被處二年徒刑，緩刑一年；後經姚律師申請覆判，維持原判。

● 1979.03.09
國際特赦組織日本代表 Dr.
Nishiwara 前來關心余案審
理情形。
(790309N16 ｜艾琳達提供)

陳菊(左起)、田秋堇、國際特赦組織日本代表 Dr. Nishiwara、蘇秋鎮在警總軍法處合影，
拍攝者艾琳達反射在鏡中。
(790309N17 ｜艾琳達提供)

● 1979.03.09

前來聲援余氏父子的陳菊（左起）、艾琳達、邱靜美。　（790309N11｜艾琳達提供）

● 1979.03.09

前來聲援余氏父子的施明德（左起）、黃玉嬌、張化民。　（790309N07｜艾琳達提供）

●1979.03.09

何文振（左起）、陳菊、曾心儀。　（790309N12｜艾琳達提供）

袁嬬嬬。　（790309N15｜艾琳達提供）

● 1979.03.09

許多群眾也來聲援余登發父子。　　(790309N18 ｜ 艾琳達提供)

● 1979.03.09

特務躲在警察的人牆後，拍攝參與聲援余氏父子的群眾。　　(790309N22 ｜ 艾琳達提供)

雷震過世 ●1979.03.10

余案開庭的隔天，黨外人士蘇東啟（右）、張化民（右二）蘇洪月嬌（右三）、
何文振（右五）前往榮總附近，為三天前過世的雷震致哀；民主運動的象
徵人物隕落了。
(790310A08)

●1979.03.10

雷震夫人宋英代表家屬感
謝省議員何春木等黨外人
士。後坐者為吳三連等
一九六〇年「中國民主黨」
組黨運動的朋友。
(790310A05)

● 1979.4.02

瑞典記者與施明德、艾琳達
合影，時間記錄在施明德當
年的筆記本上。

(790402A26)

國際
關心余案

國際特赦組織（Amnesty International）除了派員來台觀察余案的審理，也著手在日本調查吳泰安滯留日本的言行，提出與警總起訴理由不同的調查報告。經此事件，島內人權工作和國際或海外台灣人權團體的互動增加，而陸續有「台灣人權委員會」等人權組織準備在年底前成立。四月二日，一家瑞典電視台在新店大豐路施明德宅，訪問許信良、政治犯和人權工作者。

● 1979.4.02
瑞典電視台訪問余登發案
的辯護律師姚嘉文。
(790402A23)

● 1979.4.02
接受訪問的徐春泰（左座起）、楊碧川、陳菊、黃重
光都曾因政治因素入獄。施宅牆上仍貼著去年雷
震贈送的結婚賀辭和黨外助選團的共同標誌。
(790402A27)

● 1979.4.02
即將被監察院彈劾的許信良在新店施
明德宅接受訪問，初春時節仍穿著大
衣，彷彿政治的嚴冬未盡。
(790402A21)

● 1979.2.04

黨外人士從桃園火車站往中正
路、中山路口的景福宮出發，
沿途向桃園市民恭賀新年。

(790204A19)

桃園遊行與
縣議會聲討
許信良

對許信良未假參加橋頭遊
行和簽署告同胞書，省政府
立即派員調查，報紙也展開
聲討。二月四日，黨外人士
為表示關心，集合桃園，致
送「人權萬歲」匾額，並發
表〈大家關心許信良〉傳單。
桃園縣議會議長則表示，桃
園的事桃園人自己會管，康
寧祥等人該管好自己的事；
五天後，縣議會召開臨時議
會，以「縣政專題研究會」
圍剿許信良。

賀年的遊行隊伍由傳統鑼鼓樂隊前導，三位黨外立委黃信介、康寧祥、黃順興均參加。
(790204A20)

● 1979.2.04

黨外隊伍進入景福宮上香祈福，上香時，黨外人士在廟門高舉「人權萬歲」匾額，
祈求上蒼保佑許信良縣長。

（790204A28）

● 1979.2.04

黨外隊伍進入景福宮上香祈福，廟前廣場聚集了擁
擠的群眾，手持各類攝影器材的人士蜂擁搶拍。

（790204A26）

上香後，遊行隊伍右轉中山路，
向桃園縣長公館前進。

（790204A31）

● 1979.2.04
康寧祥、黃信介、黃
順興、張俊宏等人依
序發言。
(790204B02)

● 1979.2.04
縣長公館前，許信良
親自出來迎接隊伍，
遊行隊伍卻遭遇阻擋。
(790204A35)

在縣長官邸內院，許
信良接受各地黨外的
祝賀。
(790204B00)

●1979.2.04
許信良最後致詞，感謝
各地黨外的祝賀。
(790204B23)

●1979.2.04
掛在縣長公館外牆上的
「人權萬歲」匾額，上有
四十九位黨外人士的親
筆簽名。
(790204B24)

●1979.2.04
陳婉真（左起）、施明德、
蘇慶黎、和許信良縣政
府庶務股股長吳仁輔均
參與遊行的策畫。
(790204N01｜艾琳達提供)

● 1979.2.09

桃園縣議會臨時召
開「縣政專題研究會」
圍剿許信良參加橋
頭遊行。

(790209N01)

● 1979.2.09

桃園縣國民黨籍縣議
員輪流質詢，發言砲
轟許信良。

(790209N05)

許信良遭受縣議會砲
轟的表情。

(790209N10)

● 1979.5.26
桃園縣省議員黃玉嬌、
壽星許信良、和高雄縣
長黃友仁合影。
（790526B08）

許信良
生日餐會

四月二十日監察院
通過許信良彈劾案，送
交公務員懲戒委員會懲
處。五月二十六日，黨
外人士為許信良三十九
歲生日，在中壢市建國
北路鳳仙餐廳舉行餐
會，並藉機演講，推展
群眾活動，吸引全台黨
外人士、中壢地區群眾
萬餘人參加。

● 1979.5.26

中午一時，中壢地區民眾
紛紛前往餐會地點附近的
廣場看黨外海報。
（790526N03）

民眾爭看許信良的施政海
報，廣場空地已經被治安
人員事先以雜物堆滿。
（790526N07）

● 1979.5.26

許信良生日餐會會場人進
人出，但每次黨外集會必
招致警察戒備和監視。
（790526A12）

● 1979.5.26

海報內容之一，右側為孟絕子打油詩：
「清明時節雨紛紛／監院諸公欲斷魂／顧問對象何處有／黨棍遙指許家村」

（790526N24）

● 1979.5.26

下午四點半，黨外義賣王拓《黨外的聲音》等書，當天出版的《黨外文選》和《潮流》合訂本也在現場熱賣。

（790526N31,A14）

●1979.5.26

傍晚時，餐會在鳳仙餐廳進行，現場人聲鼎沸。
（790526B03）

壽星許信良入場，逐一和賓客握手。
（790526B07）

● 1979.5.26

立委康寧祥致詞。他在彈劾案通過的當天說：監察院此舉必將損害到我們才剛辛苦建立的微小民主成就。
（790526C04）

露天演講會上黃順興等人致詞，吸引現場爆滿的群眾。
（790526C05）

● 1979.5.26

餐會後，省議員張俊宏、林義雄，和鄉土作家王拓擔任露天演講晚會的主持人。
（790526C01）

● 1979.5.26
高雄縣長黃友仁、黃余
秀鸞夫婦、省議員余陳
月瑛均上台致詞。
(790526C15)

黃昭輝（左）、蔡有全、
林弘宣、謝秀雄等長老
教會人士準備上台唱歌
祝壽。
(790526C17)

晚會由姚嘉文演講時，
會場全景俯瞰。
(790526N95)

林正杰服役中參與民主運動

● 1979.4.12

1978 年中服役，後來被調至澎湖當兵的林正杰（中立者），利用難得的休假出席這次會議。

(790412A17)

推動加入聯合國

四月初，國際奧會通過台灣可以「中華台北」名義加入國際運動競賽組織，四月十日美國總統卡特簽署〈台灣關係法〉，四十幾位黨外人士立刻齊聚台北市新生南路姚嘉文律師事務所，討論台灣未來國際地位的問題。會後發表〈黨外國是聲明〉，發起重新申請加入聯合國的運動。四月二十八日，黃信介、康寧祥在立法院再度提議政府考慮此項主張，以開創外交、經濟的新機運。

桃園縣長許信良出席發言。
(790412A14)

● **1979.4.12**

「台灣的前途與未來」向來是呂秀蓮的演講主題。
(790412A12)

● **1979.4.12**

討論中，立委黃信介(左圖)、黃順興(右圖)首先發言。　(790412A04,A08)

姚嘉文(右二)發言時，他左邊的魏廷昱手持錄音機記錄發言。
(790412A09)

● 1979.7.30

《美麗島》雜誌正式發行前夕的擴大會議後，成員在仁愛路三段百齡大廈樓前的合照，是美麗島政團時期最正式的合照。(1)劉峰松、(2)林文郎、(3)張美貞、(4)施明德、(5)張榮華、(6)張俊宏、(7)姚嘉文、(8)楊青矗、(9)紀萬生、(10)黃信介、(11)吳哲朗、(12)魏廷朝、(13)林義雄、(14)許信良、(15)歐文港、(16)陳博文、(17)黃天福、(18)謝秀雄、(19)呂秀蓮。

〔790730N39│黃天福提供〕

陳世宏——文

| 第五章 |

沒有黨名的黨

美麗島雜誌社的
籌組和運作

歷經台美斷交、黨外元老余登發被捕，桃園縣長許信良被監察院彈劾，一連串危機的衝擊，黨外人士在逆境中卻有更加密切的聯繫。在橋頭遊行後，兩份重要的黨外雜誌《夏潮》與《這一代》立刻被禁，但自三月一日「停止雜誌登記申請一年」的行政命令解禁起，黨外人士又紛紛申請了許多雜誌；三月九日，余登發案在新店警總軍法處開庭，黨外人士在法庭外聲援、抗議之後，黃信介、施明德、張俊宏等人隨即展開討論如何籌設一份黨外機關報。

　　不久之後，兩位離開大報社加入黨外運動的記者——吳哲朗和陳婉真，不經申請就辦起了《潮流》，搶先在四月二十七日發刊，報導當時的政治新聞中心省議會和黨外活動的消息。以立委黃信介為發行人申請的雜誌，經台北市政府一再要求說明創刊宗旨和不斷更改名字，終於在五月中通過登記，《美麗島》的名稱是採用周清玉女士的建議而定。五月底，立委康寧祥擔任發行人的《八十年代》創刊號已經問世；而

●1979.7.09
7月9日美麗島雜誌社召開會議，確定內部高層的人事任命案，出席者有黃信介、許信良、姚嘉文、施明德、張俊宏、魏廷朝、黃天福、呂秀蓮。
(790709N09)

施明德經向作家李昂等友人募款，剛剛找到台北市仁愛路三段二十三號百齡大廈的九樓，以月租一萬六的代價，租為籌備辦公室和日後編輯部之用。

六月二日，美麗島雜誌社正式掛牌成立，並舉行第一次編輯會議，在張俊宏主持下，十幾名青、壯黨外人士討論了雜誌的組織架構、言論方向、經費募集、如何和其他黨外雜誌搭配等問題。這期間，因為雜誌社將來的權責關係尚未確定，姚嘉文、陳菊主編的《黨外文選》又稍微忽略黃信介的地位，籌組出現僵滯狀態；但是固定的場所已逐漸成為各地黨外人士交誼和聯絡的中心，多數人無形中也視之為「黨外總部」。當監察院通過彈劾許信良，六月二十九日公務員懲戒委員會宣布予與休職二年，黨外人士立刻群集在此舉行第一次公開記者會，發表措辭嚴厲的抗議聲明。

一直到七月九日，黃信介召集幾位核心人士在雜誌社總部開會，正式確定許信良擔任社長，呂秀蓮、黃天福是副社長，張俊宏總編輯，施明德總經理，林義雄、姚嘉文擔任發行管理人等高層人事案，雜誌的上層組織架構已經就緒。到了七月三十日，雜誌社在發行人黃信介主持下，舉行一次大型的編輯會議，由執行編輯魏廷朝、陳忠信報告；會後，自備自動相機的副社長黃天福，請人在百齡大廈門口和仁愛路三段的安全島上，為雜誌社的成員留下合影。

雜誌社的成立引起各方期盼和關注，台美斷交後因停選而被凍結的民眾熱情也溶解了，創刊號一發行就衝到五萬多本，幾個月內又不斷加印，各縣市都有書商或黨外人士爭著承銷。施明德在選舉停止後，就曾經以助選團總幹事身分到全省各地去聯絡、串連，負責經理部的發行同時，以原來「沒有黨名的黨」的構想，積極到各縣市籌設服務處和地區基金管理委員會，將過去散兵游勇式的黨外力量結合起來，造成空前的運動高潮。

九月八日，繼創刊號的風行後，雜誌社總部在中泰賓館舉行黨外雜誌有史以來的第一次創刊酒會，由負責台北市活動的副社長呂秀蓮籌畫，邀請黨政學各界人士參加。一個月前陳婉真在美國紐約絕食，抗議國民黨政府藉「潮流案」逮捕黨外朋友，迫害新聞自由，導致整個酒會進行中，《疾風》雜誌的成員和所謂的「反共義士」，在會場大門外喧囂「聲討叛國賊陳婉真」，辱罵前來參加盛會的黨外人士。被動員來的中學生甚至攻擊黨外省議員黃玉嬌，最後還不讓散場的黨外人士從中泰賓館正門離開。雖然會場外面發生預想不到的抗議事件，但整個創刊酒會內充滿了喜慶的氣氛，四百名來賓盛裝出席，包含了政壇耆宿、報界名人吳三連，國民黨中央黨部政策會副主任關中等溝通代表，和許多位扮演黨內外溝通中介者的學者。

疾風團體的鬧場遭致報紙輿論的非議，「中泰賓館事件」意外助長了黨外的聲勢。接著十月十三日，雜誌社總部又在台北市「狀元樓」餐廳舉辦第一次社務委員大會。此時社務委員名單已由第一期六十二人增加到八十多位，不僅含括各地黨外菁英和反對運動的老、中、青三輩，海外台灣同鄉的領袖，如陳唐山等人，也正式列名在島內黨外運動的陣容中。

　　美麗島雜誌社的成立過程雖然有些曲折，進入這個階段的黨外民主化運動卻更為快速地開展。包括《潮流》地下報或是已經獲得雜誌登記的黨外人士，都紛紛投入工作陣營，與「黨外候選人聯誼會」等新創的組織，也都融為一體。透過雜誌的發行和各地服務處的活動，讓非選舉期間的群眾持續去關懷政治等等公眾事務，突破了恐懼、禁忌和冷漠；也使黨外運動獲得群眾基礎，建立了組黨的條件，形成了「美麗島政團」。

● **1979.9.08**
美麗島雜誌社總部的八位高層幹部，在中泰賓館創刊酒會中集體公開亮相。
左起為姚嘉文、張俊宏、許信良、黃信介、黃天福、呂秀蓮、林義雄、施明德。
(790908N68)

● 1979.6.29

6月29日公務員懲戒委員會宣布許信良休職兩年，黨外總部立刻召開記者會，許信良發表聲明。

（790629N01｜黃天福提供）

美麗島雜誌社各項會議

　　美麗島雜誌社申請通過後，六月二日在台北市仁愛路三段二十三號九樓首度召開編輯會議；因為「許信良休職案」，六月二十九日首先舉行公開記者會。隨後針對社務發展召開了各種會議，留下影像紀錄的分別有七月九日的人事會議，七月十三日的經理部會議，七月三十日的編輯會。另外七月二十五日的社務會議留有會議紀錄。

●1979.6.29
黨外人士紛紛在記
者會慷慨陳詞,聲
援許信良;林義雄
更嚴詞指責國民黨
為「叛亂團體」。
(790629N03)

●1979.7.09
7月9日雜誌社召開會議,確定內部高
層的人事任命案,出席者有黃信介(左
起)、許信良、姚嘉文、施明德、張俊
宏、魏廷朝、黃天福、呂秀蓮。
(790709N01)

擔任社長的許信良發言。
(790709N10)

兩位副社長呂秀蓮(右起)、黃天福,
和執行編輯魏廷朝。 (790709N15)

● 1979.7.30

7月30日的會議，應
為雜誌正式發行前夕
的擴大會議，成員包含
領導核心、各地社務委
員、執行編輯。

（790730N02）

發言者社務委員張春
男，亦為「黨外候選人
聯誼會」發起人。

（790730N04）

● 1979.7.30

楊青矗、施明德等人聆
聽魏廷朝的報告。魏
廷朝左手邊坐著剛從
《八十年代》挖角過來
的陳忠信。

（790730N11）

● 1979.7.13

7月13日，楊碧川、張
美貞出席經理部的會議，
當天出席的還有蔡有全、
曾心儀、艾琳達，由總經
理施明德主持。

(790713N01)

● 1979.7.30

副社長黃天福、社務委員吳哲朗、
發行管理人林義雄。

(790730N07)

執行編輯魏廷朝報告編輯情形，社務
委員黃煌雄、紀萬生、後為歐文港、
劉峰松。

(790730N10)

●1979.7.30

會議後輕鬆的場面，謝秀雄、張榮華、黃信介、楊青矗、吳哲朗、張俊宏、林義雄。

(790730N21)

●1979.7.30

社務委員謝三升（左起）、黃煌雄、張春男會後合影。

(790730N22)

●1979.7.30

雜誌社布告欄張貼《潮流》45 期、姚嘉文發行的《消息》，和前兩天「台中七二八事件」的照片，很多照片已經去向不明。

(790730N23)

● 1979.7.30
當天編輯會議後在仁愛路前的安全島上合影留念，是美麗島政團時期最正式的合照。
（790730N39│黃天福提供）

● 1979.9.08
創刊酒會在中泰賓館
九龍廳舉行。
（790908N25）

美麗島
雜誌
創刊酒會

為了慶祝發行，美麗島雜誌社高價租下中泰賓館九龍廳，邀請各界來賓在九月八日下午三點參加創刊酒會。籌備過程中，中泰賓館接到數通威脅放置定時炸彈的電話，自稱反共義士的人也打電話到雜誌社表示要在現場示威。當天下午一點起，「反共義士」就在中泰賓館前要「聲討叛國賊陳婉真」，辱罵和攻擊盛裝前來的黨外人士。大批警力雖趕到現場維持秩序，卻無法阻止示威者引起的一連串事端，形成「中泰賓館事件」。

●1979.9.08
《疾風》成員蕭玉井、李勝峰等人對陸續進入
中泰賓館參加酒會的黨外人士叫罵。
(790908N22)

●1979.9.08
《疾風》成員在中泰賓館
前高唱國歌和愛國歌曲,
將場外喧騰為「聲討叛國
賊陳婉真大會」。
(790908N18)

●1979.9.08
中午一點,《疾風》雜誌社成員帶領中興中學的學生來到中泰賓館示威,台北市警察局長
胡務熙前去關切。
(790908N02)

**吳三連參與
創刊酒會**

● 1979.9.08

《自立晚報》發行人、政壇耆宿吳三連先生與會；9月3日他剛發起第一次
黨外人士與國民黨的會商。

(790908N28)

● 1979.9.08

黨外活動少不了販售黨外書籍以籌募經費，
創刊酒會現場也不例外。

(790908N26)

現場展出因「潮流案」被捕、獲釋不
久的陳博文照片，回顧過去一年的
黨外發展。

(790908N27)

● 1979.9.08
創刊酒會的主辦人兼主持人、雜誌社
副社長呂秀蓮，後為酒會的節目表。
(790908N36)

沈君山與姚嘉文

● 1979.9.08
清大理學院院長沈君山
（左）與會。
(790908N30)

主席黃信介和主持人呂秀蓮
在會前安排來賓演說。
(790908N37)

● 1979.9.08

下午四點，遲進會場的省議員黃玉嬌，
遭到中興中學學生的挑釁和辱罵。

（790908N49）

● 1979.9.08

來賓政大教授黃越欽應邀致詞，他擔任
當時黨外人士與國民黨溝通的中介者。

（790908N42）

● 1979.9.08

5 月 31 日 開 始 發
行的《八十年代》雜
誌社，發行人康寧
祥應邀致詞。

（790908N43）

● 1979.9.08

會場中泰賓館九龍
廳鳥瞰。

（790908N58）

● 1979.9.08
司儀介紹第一任雲林服務處主任許哲男，
受到出席者熱烈鼓掌。
(790908N72)

● 1979.9.08
前雲林縣議員蘇東啟、省議員蘇洪月嬌
夫婦與會，接受來賓歡迎。
(790908N71)

● 1979.9.08
李勝雄、江鵬堅(右前一、二)
律師等人參加創刊酒會。
(790908N60)

● 1979.9.08
吳哲朗剛由律師尤清保釋，結束「潮流案」
十幾天的逃亡，和攝影師陳博文同樣受到
大家英雄式的歡迎。
(790908N73)

司儀介紹正在籌備高雄市服務處茶樓
的周平德，受到出席來賓歡迎。
(790908N75)

●1979.9.08
音樂家林二主持酒會節目「民謠欣賞」,他旁邊男演唱者是邱垂貞。
(790908N80)

●1979.9.08
創刊酒會會場瀰漫歡樂氣氛,社長許信良的演說帶來輕鬆畫面。
(790908N82│黃天福提供)

● 1979.9.08

五點酒會完畢時,場外仍繼續被《疾風》等示威人士包圍,黨外人士自組義勇隊保護自己;幾百名台北市警察出動,隔開兩組人馬。

(790908N88 | 黃天福提供)

● 1979.9.08

在黨外人士長久抗議下,台北市警察局終於願意驅散非法集會的抗議人士,傍晚以公務車載黨外人士離開現場,車子亦遭石塊攻擊。

(790908N94 | 黃天福提供)

● 1979.10.13

發行人黃信介（左立者）在第一次社務委員會議致詞表示：雜誌銷路越好，民主自由運動會更蓬勃。
(791013N04)

美麗島雜誌社社務委員會議

　　美麗島雜誌社第一次社務委員會議，十月十三日在台北市南京東路狀元樓餐廳舉行，全省各地的社務委員、工作人員及義工共八十幾人參加。當時《美麗島》雜誌第二期發行量已經突破九萬份，黃信介表示雜誌所賺的錢都會用在民主運動上。作家楊逵特別在會中說，他在日據時代被捕十次，拘禁的日數未達一年（實際是四十五天），國民黨來台後，他被逮捕一次，卻關了十二年。這也是美麗島政團唯一的社務委員大會。

●1979.10.13

司儀何文振介紹雜誌的工作人員，右起為王鴻仁、林劍奇、陳信傑、張美貞、姚嘉文律師助理。
(791013N12)

●1979.10.13
雜誌社總經理施明德(站立者)與工作人員張文良(左坐者)、姚律師助理、張美貞交談。　(791013N18)

●1979.10.13
社務委員也是餐會司儀何文振、陳秀惠夫婦,和發行人黃信介(中)合影。　(791013N25)

●1979.10.13

來自高雄縣的社務委員,書畫家方天寶(左),和來自宜蘭的社務委員黃煌雄。　(791013N27)

來自中部的社務委員,省議員何春木(左起)、作家楊逵、立委黃順興。　(791013N28)

● 1979.09.28
因服務處二樓場地不夠大，
雜誌社發行人黃信介改在
騎樓下對群眾演講。
（790928N08）

籌組各地方
基委會和
服務處

　　雜誌社創刊酒會後，在總經理施明德奔走下，加上全省各地民眾的反應激烈，各縣市服務處、地區基金管理委員會、雜誌經銷處紛紛成立。至「高雄事件」發生前，共有十一個縣市成立服務處，總部也在十二月初，委由社務委員劉峰松草擬一份〈各縣市基金管理委員會暨服務處章程〉，準備將地方組織的管理建制化。

●1979.09.28
前來高雄市中山一路、大同二路口聚集的民眾，在黨外人士演講前爭睹黨外的文宣品。
(790928N06)

●1979.09.28
9月28日高雄市服務處成立當天，慶賀花圈林立、群眾聚集。
(790928N04)

●1979.10.11
10月中，雜誌社總經理施明德、祕書張美貞到宜蘭縣籌備基金管理委員會，後因事件發生沒有成立。右坐者為游錫堃。
(791011N01 │施明德提供)

● 1979.10.15
籌備地方基金會和縣市服務處是總經理施明德重要工作，台中成立基金管理委員會時，社務委員楊逵等台中耆宿均與會。
（791015A27）

● 1979.10.25
會議主持人，服務處主任吳哲朗介紹日據時代「文化協會」台中地區的前輩。
（791025A08）

● 1979.10.25
美麗島台中市服務處在全安大飯店舉行成立茶會，由邱垂貞唱民謠帶動會場。
（791025A04）

全安大飯店的活動廣場擠滿上千名的群眾，其中也夾雜不少便衣、特務。
（791025A12）

● 1979.10.25
美麗島雜誌社台中基金管理委員會主委何春木和服務處主任吳哲朗、右下是委員蔡垂和、副主委范政祐。　(791025B31)

● 1979.10.25
茶會進行到晚上,演講桌因擁擠的群眾也加高。副社長呂秀蓮致詞。
(791025B16)

● 1979.11.12
幾經和治安當局交涉,11月12日,南投縣服務處在國賓戲院內舉行成立茶會,同時紀念國父 孫中山先生誕辰。會場內擠滿了群眾。
(791112A07,A15)

● 1979.11.12
黃昭輝、邱垂貞等新生代黨工的合唱,慢慢形成黨外活動的固定節目。
(791112A11)

美麗島雜誌社總編輯,南投籍省議員張俊宏說明省議會問政兩年的心聲。
(791112A12)

●1979.6.09
立委黃順興在彰化市中山路省道旁準備成立民眾服務處,當天傍晚
在成立活動開始之前,工作人員販賣黨外書刊籌募日後活動經費。
(790609D06)

陳世宏——文

|第六章|

萬山不許
一溪奔

美麗島政團的
各項發展

（一） 美麗島政團時期的民主運動，政治改革和人權議題還是主軸，但已經不是單一的運動途徑；有的人像游擊隊藉機批評國民黨，後來陸續加入《美麗島》這個正規軍；有的組織活動力很強，擴展了黨外運動的群眾基礎，有的則在環保、勞工、農業、婦女、校園等各種領域發展出更多的運動內容。面對國民黨政府強大壓力，民主運動的大目標很一致，彼此之間同志的感情很強烈，這許多不同的反國民黨力量，整個我們可稱之為「泛美麗島政團」。

當美麗島雜誌社還未成立，黨外人士逐漸在台北集結，都希望以公職在身、有聲望的人做為一個基地或是聯絡中心；所以六月一日，在雜誌社總部先成立「黨外民意代表聯合辦事處」，出借名義的成員包含立委黃信介、黃順興，國代黃天福，省議員林義雄、張俊宏。聯合辦事處組織虛構，沒有發揮實質功能；成員之一的黃順興，由支持者陳國雄捐助住宅，經原《夏潮》雜誌成員蘇慶黎等人的擘畫，在彰化市正式成立「民眾服務處」，創立黨外立委平時接觸民眾的正式管道。六月九日成立時，黨外各界包含許信良、張俊宏、陳鼓應，彰化出身的張春男、姚嘉文、劉峰松、陳婉真，都前來祝賀。

自從台美斷交後，多數黨外人士關心的選舉已延宕半年，以張春男、呂秀蓮、劉峰松、何文振、周平德為主的候選人，六月二日也選擇在美麗島雜誌社總部成立「黨外中央民意代表候選人聯誼會」。「候選人聯誼會」的組織比雜誌社先完成，活動也較早展開，從六月二十四日在高雄澄清湖畔開始，「聯誼會」以定期的、分區輪流的室外聯誼活動，試圖敦促當局盡速恢復選舉，回歸正常憲政體制；活動所到之處，帶動一波波的群眾運動，延續了競選時期的熱潮。其中七月二十八日在台中市中山公園的聯誼活動，尤其引起很大的政治效應；安全單位首次出動配備盾牌和電棍的鎮暴部隊，夾雜著後備軍人團體和來路不明的流氓，警方還借演習之名，用消防車噴水攻擊和平活動的黨外人士。隨後「候選人聯誼會」以法律訴訟進行對抗，繼續鼓動群眾，但與日益開展的美麗島雜誌社活動已經合流，成員也大多互為重疊。

除了公開壓制群眾運動，國民黨政府也想借用法律來牽制黨外活動，由內政部祕密草擬「動員戡亂時期選罷法」；因此黨外律師林義雄、姚嘉文、張德銘提出民間版的「選罷法草案」。黨外人士也在創刊酒會的隔日，在雜誌社總部舉辦「選罷法座談會」，副社長呂秀蓮邀請國民黨組工會副主任朱堅章，以及多位政治和法律學界的教授參與。和美麗島創刊酒會類似，國民黨都有派人與會，也出席了由吳三連出面邀集的四次非正式溝通的會餐，似乎營造了黨內外雙方溝通的氣氛。

●1979.7.28

台中市敬華飯店前，手拿盾牌和電棍的鎮暴人員第一次出現在黨外號召的群眾活動中，何文振、紀萬生帶動唱「反攻大陸歌」加以諷刺。

(790728N10)

　　（二）政治事務之外，雜誌社也針對社會其他的問題舉行座談。十月七日在總部，由社務委員何文振主持「中小企業座談會」，同樣邀請了具有國民黨背景的企業經理人參加。由於中小企業在台灣經濟發展中的特殊地位，從「台灣黨外人士助選團」時期，黨外在政見中就要求「廢除保護資本家的假保護企業政策」，此次座談會展現了黨外的經濟思想和主張，試圖拉近與產業界、中產階級的關係。到了十月三十一日，高雄市服務處因地就宜，舉行「勞工問題座談會」，落實關懷基層勞工的基調；座談會由社務委員兼編輯委員蘇慶黎主持，邀請勞工法專家政大教授黃越欽參加。

　　長期重視工商發展的政策背後，隱藏著農村發展落後跟生態汙染的問題，當時《美麗島》雜誌對這部分著墨的文章較少。但由編輯委員王拓另外創辦的《春風》雜誌在九月開始籌組後，總編輯蘇慶黎和汪立峽、王津平、張春華等人規畫了許多社會問題的報導，也從事許多實地調查。十一月三日下午，美麗島雜誌社台中市服務處舉辦「當

前農業問題座談會」，七日下午屏東服務處又有「農村毛豬問題座談會」，都可看到兩方合作的情形。

同時，幾位向來關心台灣歷史問題和鄉土意識的人，分別計畫展開新的文化工作。十月十九日，施明德和劉峰松拜訪剛剛獲得第三屆「吳濁流文學獎」的《台灣文藝》主筆鍾肇政，準備以美麗島雜誌社盈餘的經費贊助文學獎的舉辦。雖然不斷被查禁，呂秀蓮繼續在她的「拓荒者出版社」出版台灣系列叢書；蘇慶黎接觸了李南衡和他的「明潭出版社」，她和許多人也讓楊逵慢慢走出「東海花園」，接近黨外民主運動；劉峰松和楊碧川、魏廷朝等人，除了邀請王詩琅、王燈岸為《美麗島》寫稿，並擬好了一份「台灣耆宿訪談計畫」。

以上發展的情節缺乏影像紀錄，陳博文雖然都掛名這些黨外雜誌的編輯委員，我們只能從他的作品中看到那次「當前農業問題座談會」的活動。他的關心主要還是在政治事務，包含政治犯的處境。

從八月底後，國民黨軍情單位陸續地逮捕一些與黨外人士有關的雜誌負責人、作家、老政治犯，黨外陣營必須不時地展開救援行動，也感受到自身的危機。這時「吳泰安匪諜案」真相未明，黨外前輩余登發仍身陷囹圄，台東地區涉案人家屬的處境乏人聞問，而綠島監獄則正在大興土木，擴建囚房，長期協助黨外從事人權、社福工作的天主教神父郭佳信又被強制出境，種種政府當局壓迫的舉動，使得為人權而奮戰，仍是黨外陣營主要的政治工作。

● 1979.6.09
立委黃順興在彰化市中山路
省道旁準備成立民眾服務
處，會前警方早有戒備。
（790609B06）

黃順興
成立民眾
服務處

　　立委黃順興一九七五年在
第三選區連任不久，女兒黃妮
娜從日本到中國大陸旅遊回國
後被捕，自己也遭受警總嚴厲
的監視。但在黨外聲勢大起，
美麗島雜誌社等黨外組織發展
的同時，一九七九年六月九
日，他透過原《夏潮》雜誌成
員的幫忙，在彰化市公開成立
當時黨外公職人員第一個「民
眾服務處」。

● 1979.6.09
老家在彰化，《潮流》創辦人陳婉真（右一）前來參與並
報導成立餐會，她請陳博文注意便衣人員的舉動。
(790609B11)

● 1979.6.09
黃順興服務處場所為地方支持
者陳國雄所提供。
(790609D12)

● 1979.6.09
彰化縣警察局長方賢樵帶員前來會場，
聲稱「據報有匪諜活動」。
(790609C13)

● 1979.6.09
下午四時，姚嘉文與黨外朋友開車前來祝賀，在巷口遭警方拒馬擋住，與警察理論。　(790609B23,B26)

●1979.6.09

雖大隊警員部署在現場，黨外人士仍散發《潮流》等文宣品給過往群眾。　（790609C24）

●1979.6.09

上百名彰化縣警力沿著中山路一段部署，另外在旁邊的空地圍上鐵絲網，
停放運兵車，以防黨外做為演說大會之用。　（790609D02,C20）

●1979.6.09

晚上七點群眾陸續進場時，警方又到巷口要搜索「匪諜」。

(790609E13)

●1979.6.09

立委黃順興站在桌子上，向與會的黨外群眾致詞。

(790609F04)

●1979.6.09

姚嘉文、張春男、陳鼓應依序向前來參與活動的彰化民眾致詞。

(790609F11)

● 1979.6.24

6月24日，在美麗島雜誌社尚未
組織完成前，候選人聯誼會舉行
第一次聯誼活動，先在高雄市厚
德福餐廳聚餐，由會友袁嬤嬤代
表聯誼會發表聲明，要求從速恢
復選舉，維護憲政體制。

(790624A19)

黨外候選人聯誼會

一九七八年的選舉停止後，曾任
國大代表的張春男，以各省籍國大均
成立聯誼會為由，構想成立「黨外中
央民意代表候選人聯誼會」以發展黨
外組織，獲得各地黨外候選人支持；
一九七九年六月二日在台北仁愛路黨
外總部成立，選舉張春男為總幹事、
呂秀蓮祕書、劉峰松財務、各選區幹
事和兩個研究小組。他們聘請黨外公
職人員為顧問，亦吸納非候選人之黨
外人士，內定分北中南三區輪辦活
動，以督促政府儘速恢復選舉、回歸
憲政體制。

●1979.6.24

《民眾日報》記者張健(左)、
省議員張俊宏夫婦(監委
候選人許榮淑為聯誼會成
員)全程參與聯誼會活動。
(790624A29)

聯誼會專車停抵目的地澄
清湖後,警方立刻派出警
備車偵察。
(790624B16)

●1979.6.24

在澄清湖八景之一「三亭攬
勝」草坪上,邱垂貞帶領
大家唱台灣民謠。
(790624B19)

● 1979.6.24

聯誼會聚餐後，專車特地繞到高雄市政府前合影，然後到高雄黨外選舉名嘴莊文樺開的茶樓輕鬆討論。

(790624B02)

● 1979.6.24

黨外的活動均能引起民眾圍觀，但一位高雄市婦女會的成員當眾表示不滿。

(790624B26)

● 1979.6.24

警方最後採取干涉行動，但並無取締；澄清湖大門則被關閉，不再對遊客開放。

(790624B32)

許信良休職案公布之際，適逢7月1日高雄市升格，黨外經密集討論，由候選人聯誼會主辦黨外的慶祝晚會，總幹事張春男以自備的音響和租用的卡車為演講台。
(790701N06)

● 1979.7.01

黨外人士以慶祝高雄市升格之名辦演講會，呼籲民主不能降格、要求市長直選。 (790701N17)

剛被「公懲會」懲處休職二年，許信良演講時自稱為「走路縣長」，要向高雄市長王玉雲請教升官之道。
(790701N11)

在扶輪公園的演講會，省議員邱連輝等人以高雄市升格為題發表演說，後坐者晚會主持人邱茂男、右為蘇秋鎮律師。
(790701N07)

● 1979.7.28

第三次候選人聯誼會活動計畫在台中市中山公園舉行同樂會,會員專車一到敬華飯店門口會合就被警方攔阻。

(790728N01)

● 1979.7.28

台中市警察局長張世樅帶員與張春男、呂秀蓮爭論,袁嬯嬯也加入爭論。左下方戴軍便帽者應為警總人員。

(790728N02)

中區警備司令部副司令胡佐武加入爭論,要求取下掛在車身的布條,引起一些被疑為特務伴裝的民眾圍觀。

(790728N03)

傍晚六時許,黨外
人士來到中山公園
和三民路口廣場展
開民謠歌唱同樂會,
台中市民站在公園
圍牆上圍觀。
(790728N04)

警察局長張世燉(畫面左下方)手拿擴音機表示要進行消防演習,要求群眾離開。 (790728N08)

● 1979.7.28
警方以演習為由，
用消防車驅散黨外
群眾。張春男指責
警方的非法行動，
帶動黨外反擊，搶
奪水龍頭。
(790728N27)

黨外群眾被消防車淋濕的鏡頭，陳博文的相機也遭殃。　(790728N28)

●1979.11.03
候選人聯誼會在「七二八
事件」後控告台中市警察
局長「妨害自由」等案，11
月3日台中地方法院開
庭，引起民眾圍觀。
(791103A10)

●1979.11.03
候選人聯誼會藉訴訟活動發起群眾運動，兩名在法院外散發傳單的民眾
遭到警察和便衣人員強行逮捕。
(791103A16)

● 1979.9.09

「選罷法座談會」由社務委員張春男(中立者)主持，副社長呂秀蓮邀請國民黨組工會副主任朱堅章(左二)，和學界人士薄慶玖(左一)、黃越欽(左四)、胡佛(右後一)、李鴻禧(右後二)參加。雜誌社總編輯張俊宏(左三)、副社長黃天福(右前一)、社務委員黃煌雄(右二)等參與座談。

(790909N01)

選罷法、農業問題座談會

自創刊酒會後，美麗島雜誌社在全國各地快速發展組織和活動，除了九月九日在總部召開「選罷法座談會」之外，針對各種社經問題舉辦座談會如下：十月七日在總部「中小企業座談會」，十月三十一日在高雄市服務處「勞工問題座談會」，十一月三日在台中市服務處「當前農業問題座談會」，十一月七日在屏東服務處「農村毛豬問題座談會」。

● 1979.11.17

高雄市服務處的茶樓經常舉辦活動，此場應為 11 月 17 日的「青年座談會」，
中著西裝者為熱心支持者蔡龍居醫師。

(791117N01)

●1979.11.03

參加座談會的農民巫貞煌(左起)、鄉土作家潘榮禮、《民眾日報》駐台中特派記者張健。
(791103C06)

●1979.11.03

台中市服務處舉辦「當前農業問題座談會」全景，五月間剛以小説《打牛湳村》獲得第十屆「吳濁流文學獎」的青年作家宋澤萊正在發言，他的左右分別是《美麗島》和《春風》的執行編輯陳忠信、汪立峽。
(791103C09)

•1979.11.03

當時兩位經營農牧，最關心農業和環保問題的省議員邱連輝和立委黃順興。　(791103C19)

座談會主席台中市服務處主任吳哲朗，邀請發行人黃信介和雲林縣國民黨籍省議員廖泉裕(右)、
總編輯張俊宏出席。

(791103C22)

● 1979.10.02

在余老七十八歲生日茶會上，高雄縣省議員、余老的媳婦余陳月瑛代表家族接受南投黨外的贈旗。

（791002N01）

余登發
生日茶會

促進人權是黨外民主運動重要理念之一，也是迫切而實質的工作。九月二十九日是余登發七十八歲生日，在十月二日其子女為這位因領導民主運動而被囚禁於警總看守所的黨外元老祝壽，地方群眾萬餘人自動參加。會中黨外人士向余家致贈「人權萬歲」錦旗，並集體向蔣經國總統呼籲釋放余登發。會後陳博文與吳哲朗編撰《余登發七八生日會記實》一書，立刻被警總以「詆毀政府，歪曲事實，否定法律，挑撥政府與人民感情」查禁。

●1979.10.02

民眾陸續簽名進場,參觀余老政績介紹和他
前一年壽誕溪頭之旅的照片。

(791002N02)

台中縣黨外人士范政祐,在典禮前與群眾
瀏覽剛出刊的《美麗島》第二期。

(791002N03)

●1979.10.02

台中市省議員何春木代
表黨外人士致贈「人權萬
歲」錦旗給余家。

(791002N08,N09)

● 1979.10.02
余陳月瑛代表家族在現場切蛋糕。
(791002N18)

● 1979.10.02
壽誕會場鳳山市國父紀念館，
預定招待兩千名來賓，結果連
場外共來一萬多名群眾。
(791002N23)

● 1979.10.02
群眾擠上會場禮台，與余家、
基隆省議員周滄淵、屏東省議
員邱連輝等黨外同台，右為主
持人邱茂男。
(791002N31)

● 1979.10.02
典禮最後由長老教會牧師謝秀
雄領導大家祈禱余老早日脫離
黑牢歸來。
(791002N33 | 翻拍自美麗島雜誌第三期)

陳映真與陳菊

● 1979.10.15

《夜行貨車》的作者陳映真(與
宋澤萊同獲第十屆「吳濁流文
學獎」小說創作獎)與 10 月 9
日才回國接任高雄市服務處副
主任的陳菊合影。

(791015N03)

「十、三事件」
感謝餐會

洪誌良(《富堡之聲》發行人)赴大陸購買鰻魚苗,因返台向調查局自白有所保留,八月卅日被警總逮捕。接著十月三日,該雜誌總編輯李慶榮和鄉土作家陳映真,又因「涉嫌叛亂」被警總拘捕。黨外總部由執行祕書施明德聽取兩位「嫌犯」太太報告案情,由王拓、艾琳達、林華洲、徐春泰等人陪同,前往警總關切。兩位作家被疲勞偵訊三十七小時候後釋放,十月十五日在重慶北路復興園餐廳舉辦感謝餐會。

●1979.10.15

陳映真、李慶榮感謝黨外援救的餐會，恰好是施明德、艾琳達結婚一週年。　(791015N01)

●1979.10.15

餐會參加者王津平(左起)、陳忠信、黃順興、劉峰松、楊碧川、魏廷朝(右舉杯者)
均為當時黨外雜誌工作人員。

(791015N02)

● 1979.10.15

十天後就將發行創刊號的《春風》雜誌，榮譽發行人黃順興、與潮流案的保釋律師尤清(右)交談。

(791015N04)

● 1979.10.15

《春風》雜誌的寫作群陳列(左二)、楊碧川(左三)等、背對鏡頭者是王津平。 (791015N09)

● 1979.10.15
記者司馬文武(左)、立委黃順興在會中交換對政治情勢的看法。　(791015N12)

● 1979.10.15
詩人蔣勳(背對鏡頭)、《春風》社長王拓(面向總編輯蘇慶黎),均為原《夏潮》班底。右為政治犯魏廷朝、謝聰敏。
(791015N15)

● 1979.10.15
物理學者張國龍、《春風》發行人暨詩人詹澈和徐慎恕(許心)亦參加聯誼性質的感謝餐會。
(791015N18)

● 1979.11.07

「吳泰安案」涉案人陳文雄的家屬。脫黨而加入青年黨的陳文雄，因為參加 1977 年台東市長選舉，提燈諷刺社會太黑暗而被捕。

（791107A18｜艾琳達拍攝）

台東的
人權紀錄

　　黨外總部為了瞭解前一年因涉及「吳泰安案」而被捕的受刑人的家屬生活狀況，並蒐集案情資料，委託艾琳達、許心，於十一月六日飛抵台東，探訪三天。沿途均遭到情治人員的監視，受訪者也受到壓力。她們事後寫成〈人權調查報告〉，部分發表〈革命馬戲團的悲哀〉一文於《美麗島》雜誌第四期。第三天艾琳達與施明德會合，前往火燒島（綠島）訪問政治犯的生活狀況，接見和贈款受刑人的要求都被拒絕。

● 1979.11.07

「吳泰安案」涉案人黃宗禮的家屬
以撿拾破爛為生。

(791107A21 │艾琳達拍攝)

● 1979.11.07

〈革命馬戲團的悲哀〉作者之一許心(徐慎恕)女士。

(791107A32 │艾琳達拍攝)

● 1979.11.07

涉案人劉慶榮家屬
曾貴蘭女士。

(791107A30 │艾琳達拍攝)

● 1979.11.07

台東海山寺，住持李榮和（法號釋修和）平時贊助社會工作、熱心黨外選舉，與其他涉案人均有聯繫，因收到吳泰安一包傳單而被捕。

(791107A2｜艾琳達拍攝)

● 1979.11.09

國防部綠島監獄正在擴建監牢。

(791109B15｜艾琳達拍攝)

● 1979.11.09

偷拍到警總「新生訓導處」，職訓總隊外役勞動情形。

(791109B25｜艾琳達拍攝)

● 1979.11.09

施明德、艾琳達欲探視綠島的政治犯，但不得其門而入。

(791109A08｜艾琳達拍攝)

● 1979.11.09

在綠島監獄旁，施明德面對滿山坡的墳墓，緬懷老死於孤島的難友。

(791109B16｜艾琳達拍攝)

● 1979.11.13

郭佳信神父（右坐者）因人權工作、藏匿陳菊逃亡，被國民黨政府拒絕居留，離台前黨外人士在台北衡陽路「大三元」餐廳歡送。
（791113N02）

歡送郭佳信神父

　　美籍天主教聖瑪利諾教會神父郭佳信，旅台十七年，在彰化埔心鄉羅厝天主堂從事宣教和社福工作，與當地人相處融洽，並學得一口彰化方言。一九七八年六月十五日，陳菊參加施明德、艾琳達的公證結婚後，因被警總搜查住處和約談而展開逃亡，至彰化得力於郭神父的幫助而藏匿多日。郭神父同情黨外運動，成為國民黨眼中釘，一九七九年十一月十五日被迫離台。黨外人士感激他的無私奉獻，離台前為他舉辦歡送餐會。

●1979.11.13

黨外人權律師姚嘉文(左一)、和妻子周清玉(左二),出席餐會。　(791113N21)

●1979.11.13

剛經歷「十、三事件」的作家
陳映真等人與會。

(791113N14)

●1979.11.13

黨外歡唱民謠,輪流為熱愛台灣
民謠的郭佳信神父祝福。

(791113N19)

●1979.11.20

十一月中旬，吳哲朗因假車禍案被捕判刑，台中市服務處舉行「美麗島之夜——吳哲朗坐監惜別會」。會前，雜誌社總經理施明德要求管制交通的憲兵軍官放行，讓民眾自由進出。

(791120B32)

陳世宏———文

|第七章|

山雨欲來風滿樓

黨外與國民黨的
衝突與協商

長期以來，反對運動一直在「動員戡亂」的戒嚴體制下辛苦經營。當局以凍結國會全面改選，切斷政權基礎與民意的疏通，以「報禁」和「黨禁」遏阻反對勢力凝聚；又在警總體系下成立「文化審檢小組」，會同各縣市警察局行政科，經常檢查印刷廠和出版商。黨外雜誌動輒得咎，難以藉言論推動政治改革，遑論企圖組黨造勢。而美麗島政團的形成，鼓動社會大眾對公共事務前所未有的關注，撼動既有的秩序與權威，當然更引起執政當局的擔心。

　　一九七九下半年，政治風波不斷。六月初《聯合報》刊登留美學人吳經國文章稱，海外有自稱黨外總幹事者發表演講，說黨外人士試圖在去年選舉中使「西部海岸中壢化」，利用突發暴亂以贏取勝利；報導雖經黨外總部回文反駁，作家陳若曦女士從海外投書澄清，然黨外已被蒙上暴力的形象。

　　六月中旬省議會總質詢，軍隊演習並且擅闖議場，引起林義雄、張俊宏質詢「大軍壓境」的風波。同月中，彰化黃順興成立民眾服務處，宜蘭黨外歡送陳菊出國讀書，軍警又恰好演習，拉出拒馬、警備車圍堵，也是大軍壓境；然而媒體藉機攻擊黨外人士不愛國，反對軍隊演習。

　　七月中，施明德逃避全天候的監視，逃亡兩週。七月二十八日台中事件，警方又臨時消防演習，引爆更大的警民糾紛。

　　八月初，「蔣渭水先生逝世四十八週年紀念」，北區警備司令部包圍蘭陽平原所有的交通衢道，宜蘭警方以追捕通緝犯為名，進入紀念會主辦者黃煌雄、高鈴鴻等人家中，沒收紀念會宣傳品。到了月底，一些黨外外圍分子紛紛被逮捕。這些事件正好都在黨外陣營集結壯大的開始。

　　美麗島雜誌社籌設時，《潮流》不斷登載黨外活動內容和批評政府的言論，引起國民黨台灣省黨部和新聞局的關切。八月七日，中區警備司令部終於採取行動，逮捕印刷商楊裕榮和提供圖文的陳博文。事件隔天，黨外人士立刻在雜誌社總部召開援救會議，積極與關中等人談判，激動的聲音中包含了「國民黨若不放人，黨外就要宣布組黨」。事件雖然在十六天後國民黨放人而落幕，但黨內外對峙的情勢並未稍退；尤其《潮流》創辦者之一的陳婉真，在美國絕食抗議時引起國際媒體對台灣政局的批評，又發生炸彈攻擊政府駐外單位的事件，給予《疾風》雜誌等「愛國人士」一個藉口，到美麗島雜誌社創刊酒會上叫囂，引起「中泰賓館事件」。

　　在創刊酒會和選罷法座談會的友善氣氛下，黨內、外互動情形有留下文字紀錄的，

還有吳三連從九月初發起的四度談話性會餐。國民黨主談人士是中央黨部政策會的兩位副祕書長，梁肅戎和關中。黨外的溝通人士除了許信良、黃信介、康寧祥，還有林義雄、張俊宏、姚嘉文、施明德等實力型人物，其他出席者大多是禮貌會面，而且對國民黨動機進行不同的解讀。由於黨部一方面溝通，情治單位卻已經陸續逮捕黨外外圍人士，國民黨的決策模式與動機當然引起猜疑。

而「許信良休職案」延續著「余登發案」，是影響當時黨內外關係的一個重要話題；六月二十九日總部記者會，林義雄批評「國民黨是叛亂團體」的發言，曾經造成難以想像的震撼。許信良縣長職務被停止後，參與美麗島雜誌社的籌畫，擔任社長，是黨外陣營實質的領導人之一，加上早年在國民黨中央黨部工作，雙方咸認他是溝通的必然人選。但在《美麗島》雜誌發行後，許信良認為黨外陣營已成氣候，自己卻還是黨內外衝突的原因，他決定暫時離開國內以降低對峙的氣氛；九月三十號，他舉家出國「讀書」，許多桃園鄉親父老和黨外朋友均到機場送行。

大部分的溝通情形是小型的室內會談，有時加入中介的學者，如黃越欽教授，也有吳豐山、江春男（司馬文武）等記者出席；其過程或有文章報導，但都沒有留下影像。陳博文沒有參與溝通儀式，他影像紀錄中特別的一場，是美麗島雜誌社台中市服務處在文化中心為社務委員楊逵舉辦生日茶會。這次黨外陣營照例邀請關中、黃越欽出席，台中市黨部主委陳癸淼也蒞場致詞，表面上雙方交流的管道尚稱通暢。

然而自十一月起，政治情勢出現了詭異的現象。六日午後，美麗島雜誌社高雄市服務處經營的茶樓遭到不明人士攻擊，經報警後，服務處內貼起抗議的海報。到了月底二十九日，高雄市服務處再度被襲，這次用更大的抗議布條掛在服務處樓前；同一時間，發行人黃信介台北住宅平時受到情治人員的監視，卻光天化日下遭斧頭攻擊，這更引起黨內人士普遍的不滿和疑慮。

但美麗島雜誌社的發展仍是一發不可遏止。十一月十二日，南投縣服務處成立茶會，會場內群眾爆滿，軍隊卻在鎮街上演習，造成另一波「大軍壓境」的氣氛。同月二十日，台中市服務處舉辦「美麗島之夜──吳哲朗坐監惜別會」，大批憲警圍堵會場太平國小附近的街道，不讓民眾進出，參與民眾發現四周教室的高樓上竟然進駐了武裝部隊；而後黨外群眾舉著象徵光明的火把準備遊行，也引起現場軍警的阻擋。

到了十二月六日，在永和劉峰松宅討論黨外運動發展的時刻，敏感的黨外人士發現情治人員跟蹤的氣焰變本加厲。七日，屏東服務處成立前夕，出現六名理平頭青年

手持利斧搗毀桌椅，砍傷職員，甚至有人掏出短槍恐嚇。黨外陣營氣憤不已，造成翌日成立茶會後，部分義工攻擊跟蹤黨外車隊的情治人員。

緊接著，紀念世界人權日的宣傳活動，突如其來的「鼓山事件」埋下了「高雄事件」的引線。

● 1979.11.29
高雄市服務處第二度被砸，服務處在茶樓前掛出大幅抗議布條。
(791129N01)

● 1979.8.08

「潮流事件」發生隔日，姚嘉文律師等來到雜誌社總部商議援救事宜。

（790808N03｜艾琳達提供）

潮流事件救援

在《美麗島》雜誌尚未發行，黨外組織整合之際，台中警總人員在八月七日晚間查禁印刷中的《潮流》第46期，逮捕印刷商楊裕榮和前去校稿的陳博文；創辦人吳哲朗聞訊當夜即展開逃亡；兩天後陳婉真在紐約絕食，抗議國民黨迫害新聞自由。黨外人士立刻展開救援行動，隔日在黨外總部商議，派員和國民黨關中等人交涉。二十三日，吳哲朗由尤清出面向台北地檢處澄清，與陳、楊二人各以兩萬元交保。這是繼余登發父子後，黨外人士再度被捕。之後，治安單位陸續逮捕洪誌良、吳錦洲、張化民、陳映真、李慶榮等人，黨外同樣展開救人自救的行動。

●1979.8.08

省議員何春木發言,他左手邊依序為何文振、
紀萬生、王拓、張春男、蘇慶黎。

(790808N06 │ 艾琳達提供)

●1979.8.08

援救會議由立委黃順興主持,
副社長呂秀蓮出席提供意見。

(790808N09 │ 艾琳達提供)

●1979.8.08

與會的黨外人士,律師張德銘正在翻閱《潮
流》;後為魏廷朝和施明德,兩位關心難
友的政治犯。

(790808N12 │ 艾琳達提供)

與會的黨外人士,邱靜美(前起)、
孟祥柯、蘇治芬、周渝和前一天在
陳博文家搶救照片的張春男。

(790808N14 │ 艾琳達提供)

● 1979.9.30
被休職的縣長、美麗島雜誌社
社長出國「唸書」。
(790930N02)

許信良
出國

　　「許信良休職案」延續著「余登發案」，一直影響黨外與國民黨的互動。擔任美麗島雜誌社社長的許信良，在創刊酒會後認為雜誌發展已上軌道，聽從部分友人建議，決定出國唸書，以降低黨內外對峙的氣氛。他預計一年後返國，妻子和三個兒女隨行；九月三十日臨行前，四百多名桃園鄉親和朋友在桃園機場熱情歡送。

●1979.9.30

邱垂貞（左一）和邱靜美指揮黨外朋友在機場出境大廳唱歌相送許信良出國。

(790930N04)

壓不扁的玫瑰花

● 1979.10.21

各界來賓出席楊逵生日茶會，
他的女兒、孫女兒們首先合唱
詩詞致賀，對面牆上貼著楊逵
親筆的詩詞。

(791021A06)

關中等人
出席楊逵
生日會

關中自台美斷交後擔任國
民黨中央政策會副祕書長，
輾轉與梁肅戎成為當時黨中
央與黨外人士溝通的代表，
出席雙方公開或私人性質的
協商或聚餐。在一場由美麗
島雜誌社台中市服務處為其
社務委員楊逵七十四歲生日
祝壽的聚會中，難得看見雙
方會面的歷史影像。

● 1979.10.21

祝壽會前，立委黃順興夫婦與壽星楊逵在台中市文化中心外走廊合影。

(791021A01)

● 1979.10.21

張深鑐等日據時代中部地區「文化協會」的耆宿，參加老友楊逵的生日茶會。　　(791021A24)

● 1979.10.21

台中市服務處主任吳哲朗，邀請出席的國民黨代表關中致詞。　　(791021A26)

● 1979.10.21

國民黨台中市黨部主委陳癸淼亦應邀出席致賀。 　(791021B06)

● 1979.10.21

黨內外溝通的中介者之一，政大法律系教授黃越欽致賀詞。 　(791021B00)

● 1979.11.20
黨外人士與民眾手拉著手,
輕鬆的準備入場。
(791120B33)

台中美麗島之夜

十一月起,美麗島政團發展迅速,各地方服務處接連舉行成立茶會或室外群眾活動,但總是引起軍警人員的監控和臨時演習。十一月中旬,吳哲朗因假車禍案被捕判刑,台中市服務處舉行「美麗島之夜——吳哲朗坐監惜別會」,首度拿出火把遊行,引人注目。這期間身分不明人士陸續攻擊美麗島機構,尤其十一月二十九日同時攻擊高雄市服務處和台北市黃信介宅,更引發黨外陣營的強烈氣憤,政治氣氛丕變。

● 1979.11.20

台中「美麗島之夜——吳哲朗坐監惜別會」在太平國小舉行，現場附近憲兵圍成人牆，禁止民眾通行。　(791120B35)

● 1979.11.20

雜誌社總經理施明德要求管制交通的憲兵軍官放行，讓民眾自由進出。　(791120B32)

● 1979.11.20
演說後，黨外人士在操場點燃象徵人權光輝的火炬，準備遊行台中市街，被校門口的憲警阻擋。
（791120B02,B03）

●1979.11.20

會場內外擠滿了群眾，多人目睹旁邊教室的高樓暗處進駐了武裝憲警。

(791120B14)

●1979.11.20

前一天剛在霧峰台灣省議會總質詢進行史無前例的黨外十三人聯合大質詢，省議員林義雄（左）、邱連輝就近聯袂出席盛會。

(791120B19)

● 1979.12.08
服務處在主任邱茂男中正路
的自宅碾米店成立，隔壁是
理髮廳。司儀蔡垂和引領大
家呼唱口號。
(791208A06)

屏東服務處成立

　　美麗島雜誌社第十一個地
方服務處，十二月八日在屏
東正式成立。雖然檢討組織
和運動的聲音與憂慮逐漸浮
現，黨外各界人士依然結伴
熱情參與，各黨外雜誌也都
前往採訪；但因服務處前一
天遭到六名理平頭青年持利
斧攻擊、手槍威脅，大會前
後諜影幢幢，激憤的黨外義
工或身分不明群眾曾對跟蹤
的特務人員展開攻擊，為隔
日的「鼓山事件」埋下變數。

●1979.12.08

中部地區黨外人士租遊覽車，集體南下參加屏東服務處的成立茶會。　(791208A02)

● 1979.12.08

《八十年代》編輯范巽綠（右起）、市議員康水木、和高雄服務處副主任陳菊合影，
無法進場的民眾聽麥克風露天播放。

〔791208A33〕

● 1979.12.08
服務處成立之後，黨外人士集體「遊街」到屏東市仁愛國小，展開演講會。 (791208A10)

● 1979.12.08
黨外演講會照例會販售書刊以籌募經費，群眾在禮堂走廊爭睹剛出刊的《春風》第二期和《美麗島》
第四期。 (791208A36)

● 1979.12.10
遊行隊伍展開「世界人權紀念日黨外人士演講大會」的布條，
說明當天活動的主題和方式。
（791210N02）

黃建仁——文

|第八章|

陰影再現、
等待黎明

——

高雄事件與軍司法
大審

（一）一九四八年十二月十日，聯合國大會通過保障基本人權的〈世界人權宣言〉（*Universal Declaration of Human Rights*）。

一九七九年十一月十四日，天主教聖馬利諾會與基督教長老教會於台中梧棲教會舉行人權聯合祈禱會，美麗島雜誌社總經理施明德與「黨外總部」祕書張美貞受邀前往參加。由於人權一直是美麗島政團民主運動的主題，因此，當與會神父與牧師建議黨外應該舉辦人權日紀念活動時，施明德欣然答應，隨即展開各項籌備工作，最後決定由美麗島雜誌社高雄市服務處舉辦一場演講大會。

籌辦過程中，主辦單位所提出的申請屢遭駁回。但由國民黨當局認可的「中國人權協會」卻堂而皇之在台北實踐堂舉辦紀念活動。戒嚴時期黨外人士對於申請活動未獲批准的情況早已司空見慣，而且從幾次的經驗中也知道，只要堅持舉辦，最後都能在與警察機關的討價還價中獲准。因此，為了打破「只准州官放火」的不合理情況，並凸顯世界人權日的意義，美麗島雜誌社決定如期舉行紀念活動。

就在世界人權日的前一天，兩名美麗島高雄服務處義工姚國建、邱勝雄，在開著宣傳車宣傳翌日活動時，遭警員無理阻攔，並強押至鼓山分局毒打成傷。後雖經交涉而獲釋回，但已造成群情激憤。這起「鼓山事件」的發生為「世界人權紀念日」大會的舉行投下了變數，不少原本未計畫參加的黨外人士也決定前往聲援。

翌日，國民黨一反慣例，提早宣布了以往都在農曆春節前實施的「春元演習」，高雄市區也如臨大敵般三步一崗、五步一哨，很難不令人聯想與人權日大會有關。前一晚，各地保警與鎮暴憲警早已悄悄進駐高雄市，此時更將美麗島雜誌社計畫舉行演講大會的扶輪公園重重包圍，因此迫使他們將演講地點改在中山一路新興分局前的大圓環。

傍晚，美麗島雜誌發行人黃信介搭火車抵達高雄時，南警部司令常持琇與之交涉。常持琇最後答應黃信介，可以演講但不要遊行。協議達成後，常送黃到美麗島高雄市服務處，此時黃信介始知受騙，扶輪公園根本進出不得，而遊行隊伍已經出發，只得跟著人群前進。人群手持象徵人權光輝的火把，身披名條與彩帶，緩緩步向大圓環，而由憲兵與保警組成的鎮暴部隊也開始部署在圓環四周。

演講大會原本平和舉行，但在鎮暴部隊嚴密包圍且節節逼近下，一股不安的氣氛逐漸瀰漫人群中，一觸即發。於是，姚嘉文與大會總指揮施明德前往新興分局交涉，希望開放一出口讓民眾自由進出，減緩現場氣氛。交涉未果。此時，大圓環的群眾目睹中正三路鎮暴車集結的地方冒出白煙，將被圍堵殲滅的恐慌使得人群開始往反方向

的中正四路慌亂奔跑，守在此處的憲兵於是受到衝撞而發生第一波衝突。

衝過封鎖線後，有群眾鼓譟著要直衝警察總局，美麗島人士不希望引發更大衝突，便引導群眾經由瑞源路回到美麗島服務處，並宣布活動到此結束。無奈群眾不肯離去，為了避免失控，主辦單位只得繼續演講、帶動歌唱，安撫群眾情緒，希望活動能夠和平收場。然而事與願違，鎮暴部隊開始對群眾進行強力驅散，不僅以催淚瓦斯攻擊，更將鎮暴車駛入人群，衝散群眾。在驚慌與憤怒的壓迫下，衝突終於一發不可收拾。

夜深了，人群散去。只剩鎮暴部隊與鎮暴車守在美麗島高雄服務處門前。一場「世界人權紀念日」卻以「高雄事件」收場。

（二）　高雄「世界人權紀念日」大會舉行時，國民黨高層正在台北陽明山上召開第十一屆四中全會。接下來幾天，當局以「打不還手、罵不還口」的口號強化憲警受害的印象，把衝突責任完全歸咎於美麗島人士，並嚴厲譴責「陰謀分子的暴行」，同時發動各地方政府、學校與民間團體進行「聲討」，而媒體也推波助瀾，掀起一面倒的撻伐之聲。「國人皆曰可殺」的社會氣氛於焉完成。

面對國民黨「欲加之罪」的戲碼，雖然美麗島雜誌社在十二月十二日立即召開記者會說明事件經過，但已然百口莫辯。十三日凌晨，國民黨即展開全台逮捕行動，並同時查封美麗島雜誌社各地服務處。

在十三日的第一波逮捕行動中，計有十四名「陰謀分子」被捕。施明德趁隙逃脫，展開為時二十八天的逃亡。十四日，被捕者家屬前往位於新店的警總軍法處看守所，送衣物、食品給被捕者，事後在軍法處外留下了合影。同時，立法院在主席倪文亞主持下舉行祕密會議，鼓掌通過同意警總逮捕黃信介。立法院外，一群《疾風》雜誌成員手持標語，叫囂怒罵：「打倒黃信介、康寧祥！把他們統統槍斃！」立院警衛人員則視若無睹。十五日，施明德之妻艾琳達在被警總約談後驅逐出境，開始其海外奔走與救援。同日，十個海外台灣人團體在美組成「台灣建國聯合陣線」，抗議國民黨鎮壓反對運動。在接下來的逮捕行動中，又陸續有數十人被捕，僅有少數在偵訊後飭回。到翌年（1980年）二月二十日軍法審判起訴前，總計有四十五人在押。

雖然媒體一面倒地將「高雄事件」報導為美麗島人士的預謀，但坊間對於有關單位利用黑道在「世界人權紀念日」會中製造事端，藉機逮捕黨外人士的傳聞不脛而走；甚至有人目睹一群手持棍棒的打手混入遊行隊伍，並率先對憲警動手。凡此關於事件

的種種疑點，是否有希望藉由審判過程來發現事實？

經過軍事檢察官第一次偵訊後，數十名被捕者被分送至調查局或警總保安處「查證」。查證期間，他們所受的精神與肉體傷害不一而足；其中，根本未出席高雄「世界人權紀念日」卻遭逮捕的邱奕彬因受不了刑求而企圖咬舌自盡。以無所不用其極的手段，偵訊人員取得了「與匪勾搭」、「暴力原則」、「長短程奪權計畫」等子虛烏有的自白，於是信心滿滿等著軍法大審的戲碼上演。

（三）就在「偵訊」與「逼供」、「蒐證」與「栽贓」進行時，被捕者家屬與未被逮捕的黨外人士展開了救援工作，一方面透過各種管道將高雄事件真相傳達海外，以引起國際重視；同時也積極尋覓適當的辯護律師。一九八〇年一月六日，知名作家陳若曦帶著由二十七名海外作家學者連署的信函返國面見總統蔣經國，除了表達海外台灣人的關心，更直言鎮暴部隊「先鎮後暴」的疑點。

一九八〇年二月二十日，警總以《懲治叛亂條例》二條一的叛亂罪起訴了黃信介、施明德、張俊宏、姚嘉文、林義雄、呂秀蓮、陳菊、林弘宣等八名被告，隨即召開祕密調查庭，並擅自為被告選任徒為門面的公設辯護人。經律師團抗議後，警總才將祕密調查庭改為公開。隨後律師團開始進行閱卷工作，由於軍法處拒不讓律師們影印，律師只得請助理與家屬協助手抄龐大數量的卷宗。二月二十七日，八名被告首次與家屬會面。

二月二十八日，發生了林宅血案。林義雄的母親與兩名雙胞胎女兒在光天化日下慘遭殺害，另一名女兒則身受重傷。消息傳至軍法處，正在開調查庭的律師與家屬們無不深受震撼，律師並隨即請求庭上暫停開庭，不料法官竟以「與本案無關」為由拒不受理。稍晚，軍法處接獲上級命令，林義雄獲准交保。三月八日，軍法處完成八名被告「調查程序」。

三月十八日，為期九天的軍法大審於警總軍法處第一法庭展開。國民黨史無前例進行公開審判，媒體也大幅報導被告與律師們在法庭上的辯護，結果不僅使被告們關於「戒嚴」、「黨禁」、「萬年國會」等政治理念得以宣揚，同時透過辯護律師團對起訴書的質疑，也暴露了警總執意構陷美麗島人士的拙劣劇本。公開審判的過程顛覆了先前的黨版宣傳，而國民黨當局也嚐到了媒體「可載舟，可覆舟」的滋味。

判決確定後，雖然泰半黨外菁英身陷囹圄，但民眾對於高雄事件與黨外人士奮鬥的目標已更加瞭解；因此在接下來的幾次選舉中，他們以選票平反了高雄事件，使受

難者家屬與辯護律師紛紛當選，也延續了因高雄事件而中斷的反對運動，從而掀起日後改造台灣政治的序幕。

●1979.12.14

美麗島事件後、大逮捕隔天，政治受難者家屬合影。前排左起：田孟淑（田朝明太太）、蕭明喜（紀萬生太太）、唐香燕（陳忠信太太）、艾琳達（施明德太太）、曾心儀、邱靜美（邱奕彬妹妹）；中排左起：張慶惠（魏廷朝太太）、許榮淑（張俊宏太太）、呂秀絨（呂秀蓮姊姊）、林穗英（王拓太太）、湯鳳娥（陳鼓應太太）、劉肅欣（邱奕彬太太）、鄧香蘭（蘇秋鎮太太）、周清玉（姚嘉文太太）、方素敏（林義雄太太）。
（陳鼓應｜湯鳳娥提供）

附記：十二月十日上午，台中地區黨外人士在陳博文家會合，搭車前往高雄參加「世界人權紀念日」；日後他因此被扣上「邀約暴徒」的罪名。遊行過程中，他一如往常希望將黨外活動的影像記錄下來而四處拍照，不時穿梭在人群中，甚至奔上天橋捕捉畫面。衝突發生時，他也不忘先按下快門再行閃避。 陳博文在事件後被捕，他的紀實攝影因此中斷。他所拍攝的高雄事件照片，日後輾轉於黨外雜誌和選舉文宣中，日漸散佚。由於目前尋回的照片數量有限，在高雄事件及後續發展的編輯上，感謝「中國時報資訊中心」、艾琳達女士、李勝雄律師提供了部分珍貴相片。

● 1979.12.10

預定演講場地扶輪公園已經被封
鎖，黨外遊行隊伍從美麗島雜誌社
高雄市服務處出發，左轉中山一
路，向大圓環出發。

（791210N01）

高雄
「世界人權日」
演講大會

一九七九年十二月十
日，美麗島雜誌社舉辦「世
界人權紀念日演講大會」。
當黨外人士在中正路大圓
環演講時，四周鎮暴部隊
密不透風地包圍著，還緩
緩逼近。緊張氣氛終於爆
發，人群衝破封鎖線。回
到服務處門口時，人群依
舊聚集聽演講。鎮暴部隊
最後採取強力驅散的激烈
手段，衝突再次擴大。「未
暴先鎮，鎮而後暴」是今
晚最佳寫照。

●1979.12.10
遊行隊伍由大卡車前導，車上就是臨時的演講台；另有一台小貨車作為指揮車。　(791210N03)

●1979.12.10
遊行隊伍點燃上百支火把，象徵人權的光輝。　(791210N04)

●1979.12.10

剛出發時,中山一路上一隊鎮暴人員與遊行隊伍擦身而過,沒有衝突。　　(791210N05)

遊行隊伍進入圓環前,先繞過新興分局,配備盾牌的鎮暴人員防衛著分局門口。　　(791210N06)

●1979.12.10
遊行隊伍進入圓環演
講，各路口被節節逼近
的鎮暴人員圍堵。
(791210N07)

現場兩個鎮暴部隊的陣
勢，鎮暴車怪異的長相
第一次出現在一般民眾
眼前，噴出的白色煙霧
造成當晚多次的衝突。
(791210N08,N09)

● 1979.12.10
施明德、姚嘉文在新興分局與南警部副司令張墨林少將、高雄市警局督察長黃其昆等溝通,希望開放出口讓民眾進出。
(中國時報資料照片)

● 1979.12.10
來自花蓮的林玉祝女士,在現場下跪的情形。
(中國時報資料照片)

● 1979.12.10
搶拍歷史畫面的陳博文,在混亂中被高雄市警官阻擋行動。
(中國時報資料照片)

●1979.12.10
會發生混亂的衝突場面，出乎參與世界人權紀念日活動的黨外人士和群眾的意料之外。
(791210N10)

● 1979.12.14

大逮捕隔天，黨外家屬去警總
看守所要求探視受難者，被拒
絕；同一天黃信介在立法院全
體會議同意下被捕。

（791214N01｜艾琳達提供）

大逮捕、
家屬援救

「高雄事件」後，當局
以「涉嫌叛亂」罪嫌迅速在
三天內採取逮捕行動，被捕
者接著遭受情治單位長達二
個多月的刑求逼供，或疲勞
訊問。同時，外界救援行動
也正積極展開。艾琳達被驅
逐出境後，以當事人身分向
國際媒體疾呼「高雄事件」
真相，控訴國民黨當局的鎮
壓行動。被捕者家屬集合起
來，共同為營救自己親人而
奔走，同時積極籌組辯護律
師團。

● 1979.12.13
雲林縣警員查封《美麗島》雜誌和黨外書刊。
(中國時報資料照片)

● 1979.12.13
高雄市警員配合警總查封美麗
島雜誌社高雄市服務處。
(中國時報資料照片)

● 1979.12.14
警總驅逐艾琳達出境,黨
外家屬到她與施明德暫住
處幫忙整理行李。
(中國時報資料照片)

● 1979.12.15
12月15日,艾琳達身穿
高雄遊行總指揮施明德的
衣服和自己設計的三色彩
帶,被警總驅逐出境,在
東京暫停時留影。
(艾琳達照片)

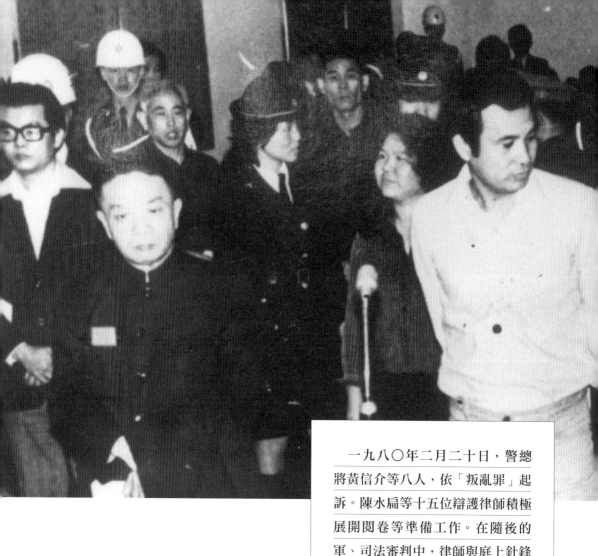

軍法、司法大審

一九八〇年二月二十日,警總將黃信介等八人,依「叛亂罪」起訴。陳水扁等十五位辯護律師積極展開閱卷等準備工作。在隨後的軍、司法審判中,律師與庭上針鋒相對,被告們也藉此公開審判的機會,一一駁斥情治單位所羅織的罪名,並暢談黨外運動的政治理念。雖然法庭最後仍依情治單位的劇本宣判,但隨著媒體大幅報導以及家屬與律師的參選,開啟了另一波民主運動的波瀾。

●1980.3.18

面對軍事法庭的美麗島政團核心。左起張俊宏、黃信介、陳菊、姚嘉文、施明德、呂秀蓮、林弘宣。日前，林義雄因家庭遭逢巨變而獲交保，故未出庭。當日稍晚在律師陪同下前往軍事法庭，要求准予同時參加審理。

(翻拍照片｜施明德提供)

●1980

1980 年夏天，援救美麗島大審政治受難者的黨外
人士合影，1. 逃亡半年後未被起訴的張春男、2. 許
榮淑、3. 施明雄、4. 張美貞、5. 施明德的外國友人
柏小姐、6. 藍美津、7. 周清玉、8. 姚雨靜、9. 黃天
福、10. 施明雄妻子王麗招、11. 林義雄妻方素敏、
12. 林奐均、13、14. 張俊宏的兩位妹妹。

（施明德提供）

● 1980.2

軍法大審辯護律師合照，左後起鄭勝助、尤清、陳水扁、張俊
雄、蘇貞昌、謝長廷、呂傳勝，左前起郭吉仁、李勝雄、高瑞錚、
鄭慶隆、江鵬堅、張政雄、金甫政（只參與偵訊階段）。

（李勝雄律師提供）

煙霧後的真實

黃建仁──文

綜觀二十年前的黨外反對運動，在國民黨政府宣布戒嚴統治，視人民集會、遊行、組黨為禁臠，異議言論刊物動輒遭禁的年代裡，黨外人士只能冒著危險，一步步衝撞國民黨的戒嚴心態，一點一滴累積難得的民主成果。然而，國民黨掌控大部分的傳播媒體，一般人對於黨外人士努力的目標及作為，幾乎沒有訊息來源，只能在號稱「民主假期」的選舉活動中略知一二，而黨外刊物的散布也僅在黨外同情者手中流傳。簡言之，那是個「一言堂」的時代。

翻開二十年前的報紙，除了少數同情黨外的報紙外，有關「高雄事件」報導所附之相片，幾乎都是警民衝突的場景，鮮少有衝突前的平和遊行與演講的畫面。若站在攝影記者獵取激情鏡頭，以及報社爭取讀者注視的立場而言，這樣的影像選擇與安排似乎情有可原。然而，相對於陳博文所拍攝的相片，報紙上這些現場照片所呈顯的視野就顯得狹隘與偏頗，若再配上「暴徒持火把攻擊，憲警肉身阻擋」之類的標題，讀者不僅無從得知黨外人士舉辦此次「世界人權紀念日」的目的與訴求，更毫無選擇地對高雄事件形成「黨外人士皆暴徒、殘酷攻擊憲警」的印象。除此之外，媒體更進一步渲染民眾對逮捕行動的「一致支持」，與逮捕完成後「舉國歡騰」的雀躍之情。無怪乎當立法院鼓掌同意警總逮捕黃信介時，一群《疾風》雜誌社的「愛國人士」能夠肆無忌憚在立院外高呼「槍斃黃信介！」的口號了。當媒體成功將讀者情緒帶至極端之時，其甘為當局御用工具的真面目反而暴露無遺。

穿透媒體群魔亂舞的表象後，可以發現其影像來源也令人質疑。例如當年有三家報紙所刊載的一張警民衝突相片竟完全相同，而又各自宣稱是「本報記者攝」[1]。此

現象不得不令人懷疑，有些相片是否為有關單位有計畫地統一發放給報社，以作為指涉「黨外人士使用暴力」的招牌相片？

無獨有偶地，各報刊上另一個更讓人記憶深刻的相片也是同一張[2]。報紙報導來自花蓮的林玉祝女士跪在憲警盾牌前，哀求「暴徒」不要再打憲警。「愛國女子」的感人事蹟被大幅炒作，甚至接受各界表揚。然而回顧當年報紙，這張相片被局部放大，使跪地哀求的林玉祝占滿整個畫面，也刪除了旁邊茫然不知所以的旁觀群眾；這可由本書所收錄的檔案照片看出。該照片所顯示的，不僅是旁觀群眾與林玉祝的格格不入，更洩漏了令人起疑的虛矯造假。

這兩個例子顯示出掌握輿論工具者對影像解釋權的壟斷，同時也成了媒體「報導真相」使命的最佳反諷。

根據資深情治人員高明輝的《情治檔案》書中所述，當年蒐證人員因安全理由並未在現場拍得任何相片，於是情治單位便向記者以每張一千元的代價收購相片計九十張[3]。這些相片最後流向何方？又作何用途？可想而知的，首先是蒐證用途。此外，是否也經過有關單位蒐集並篩選之後，再發交給各報社以作為上述統一輿論口徑之用？

而影像解釋權被壟斷的現象，也在法庭上演。在李勝雄律師所捐贈的卷宗史料中，出土了一批由「司法行政部調查局」與「憲兵調查組」移交的證物照片影印本，這些照片可能就是被情治單位收購的一部分。在軍司法審判過程中，針對這批證物照片，調查單位獨斷地解釋為「發表煽動性演說」或「鼓動群眾施暴」等等，檢察官也十分配合地在法庭中出示這些「不容狡辯的鐵證」，法官也據此判定被捕者罪行，完全無視相片當事人的解說。例如，王拓在接受司法審判時，其辯護律師曾出示一張被告在高雄事件現場張開雙手的照片，以證明王拓當天確曾阻止暴行的發生，並未鼓動暴行。然而，王拓最後仍被以「當場指揮他人為暴行脅迫」的罪名定罪。

在各單位有意的利用下，這些影像便淪為單一政治目的的工具。如此看來，陳博文希望留下真實影像，而不擅自詮釋的作法則更顯得可愛而珍貴了。

本書收錄的照片只呈現一九七七年至一九七九年黨外活動歷史的一部分，一方面是限於篇幅而必須割捨，另方面是因為還有一些過程可能是陳博文等人沒有記錄到的。這並不表示那些無法以影像呈現的事件就無足輕重；相反的，由於缺乏影像，它們將更深植於每個當事人的心中。對於想呈現黨外運動實況，以及勾勒涵育它的各種政經人文環境的目標來說，本書顯然力有未逮；但若能拋磚引玉，從影像的回顧中促

使社會、民間重視自己的歷史資產，發掘出更完整的史料，使史料出土的運動持續，並推展台灣史的研究，這是我們深切期盼的。

註釋：

1. 請參閱民國六十八年十二月十一日《台灣時報》第三版、十二日《聯合報》第三版與同日《中國時報》第三版。

2. 請參閱民國六十八年十二月十三日《民眾日報》第三版及十二月十五日《聯合報》第三版。

3.《情治檔案》，高明輝口述、范立達整理，商周文化出版，1995 年 3 月 1 日出版，頁 67~68。

附錄

1977~79 台灣民主運動照片索引表

陳世宏——整理

黨外活動／事件照片	日期	活動／事件地點	提供者	頁碼	刊登數	出土數	備註
■中壢事件	1977.11.19.~11.20.	中壢市延平路中壢分局	劉峰松	31	8	25	檔案照片翻拍；《選舉萬歲》書中另有多張許信良競選及中壢事件照片
■蘇洪月嬌競選省議員	1977.11.	雲林縣北港鎮等地	陳博文 施明德	28	6	24	拍攝者不詳，陳博文提供底片、檔案照片施明德提供
■施明德任《台灣時報》記者	1978.02.	《台時》台中市辦事處	陳博文	—	0	20	拍攝者不詳，底片由陳博文提供
■張賓東接任省府委員	—	中興新村	陳博文	—	0	20	無底片，詳細活動內容待查證
■呂秀蓮演說餐會 (2)	1978.10.	中壢市公所禮堂	陳博文	42	2	37	地點為呂博勝律師確認；9月22日呂秀蓮第一次競選拍賣會 (1) 在國賓飯店舉辦
■呂秀蓮拍賣會 (3)	1978.10.	桃園市今日飯店	陳博文	40	4	68	10月6日黃信介在王拓競選餐會中宣布將成立「台灣黨外人士助選團」
■施明德、艾琳達婚禮	1978.10.15.	北市館前路中國大飯店	陳博文	46	14	149	彩色底片：6月15日兩人先行公證結婚。黨外人士在此婚禮中商議選舉事宜。

名稱	日期	地點	攝影者				備註
■高雄黑派推薦黨候選人餐會 (1)	1978.10.25.	高雄縣鳳竹路鄉總苑工商	陳博文	64	2	20	候選人為黃余秀鸞（立委）、林應專（國大）
■陳鼓應民主餐會 (1)	1978.11.05.	台北市國賓飯店	艾琳達 陳博文	43	1	16	12 月 5 日陳鼓應第二次演講餐會 (2) 在台北市太華飯店舉行
■吳哲朗在台中市選委會	—	台中市民政局	陳博文	—	0	21	詳細活動內容待查證
■陳婉真民主餐會 (2)	1978.11.11.	北市南京東路再保大樓	陳博文	44	3	83	10 月 5 日陳婉真第一次民主餐會 (1) 在再保大樓舉辦
■楊青矗競選餐會 (1)—台中	1978.11.12.	台中市中英大樓	陳博文	66	10	42	黃信介在會中宣布「助選團」助選概要
■蔣渭水先生紀念歌發表會 —黃煌雄民主餐會	1978.11.17.	北市衡陽路大三元餐廳	陳博文	52	10	176	11 月 15 日姚嘉文參選餐會在彰化市台灣大飯店舉行
■故立委郭國基追悼會 —郭一成競選宣誓儀式	1978.11.18.	高市忠孝一路競選總部	陳博文	58	7	68	
■楊青矗民主餐會 (2)—高雄	1978.11.18.	高雄市華王飯店	陳博文	68	9	163	此會兼第五選區黨外候選人協調會；同日康寧祥競選餐會在台北國賓飯店舉行
■確認中壢事件的歷史地位 —張德銘競選餐會 (2)	1978.11.19.	中壢市鳳仙飯店	陳博文	61	6	112	11 月 1 日張德銘第一次參選餐會 (1) 在桃園今日飯店舉行
■台灣黨外人士助選團 (1) —總部籌組成立	1978.11.24.	台北市民族西路 173 號 4 樓	陳博文 艾琳達	88	7	21	其中 15 張無底片；黃天福提供部分檔案照片翻拍
■「給國民黨的諍言」 —何文振發行新書餐會	1978.11.24.	台北市南京東路再保大樓	陳博文	45	3	27	餐會名稱與何文振發行新書同名
■台灣黨外人士助選團 (2) —全國黨外候選人座談會	1978.12.05.	台北市中山堂光復廳	陳博文	94	12	127	另有工、農團體立委候選人楊青矗、王俊貴的合照等共四張

項目	日期	地點	姓名			備註
■陳啟禮、陳婉真競選活動	1978.12.08.~12.15.	司法大廈、北投等地	陳博文	72	8	88 其中68張無底片；12月8日競選活動開跑
■愛國論、民主論大字報	1978.12.08.~12.15.	台大校門口、新生南路	陳博文	75	8	29 無底片
■台灣黨外人士助選團(3)一幹部會議	1978.12.	黨外助選團總部	陳博文、艾琳達	92	5	25 助選團演講系列依時間依陳博文等人口述推測時程；底片編號為7812xx系列
■助選團演講—桃園 楊青矗、張德銘、呂秀蓮	1978.12.	桃園縣市	陳博文	100	2	11
■助選團演講—彰化 楊青矗、姚嘉文	1978.12.	彰化縣員林鎮等地	陳博文	101	8	97
■助選團演講—彰化 黃順興、張春男	1978.12.	彰化火車站前廣場	陳博文	79	6	52 地點為張春男先生所確認
■台中基督教會世界聖經日、世界人權日聯合紀念禮拜	1978.12.10.	台中市民族路長老教會	陳博文	103	1	12
■助選團演講—雲林黃蔴	1978.12.	雲林縣北港鎮天后宮	陳博文	104	1	19
■助選團演講—台南謝三升	1978.12.	南市體育館、南縣學甲鎮	陳博文	105	3	36
■姚嘉文競選總部	1978.12.	彰化市民族路、跨場路口	陳博文	81	2	22
■助選團演講—鳳山 「余登發、黃信介民主座談會」	1978.12.	鳳山市國父紀念館	陳博文	106	4	79
■助選團演講—高雄市	1978.12.15.	高雄市某餐廳	陳博文	107	1	8 日期由蘇慶黎口述得知
■黨外草斷交摩明會議	1978.12.16.	台北市和平東路張俊宏宅	艾琳達	115	1	6 無底片；當日凌晨黎總統發布緊急命令

事件	日期	地點	拍攝者	頁碼		張數	備註
■ 民眾抗議台美斷交	1978.12.16.	圓山美軍顧問團基地	陳博文	114	1	5	地點由陳博文口述得知
■ 陳菊訪郭佳信神父、中南部黨外人士等	1978.12.22.	彰化羅厝天主堂、雲林	陳博文	116	3	8	日期由《黨外文選》查知，陳菊確認
■ 黨外人士國是會議	1978.12.25.	國賓飯店、助選團總部	陳博文 艾琳達	119	9	26	其中 10 張無底片；12 月 27 日美國談判代表團抵達松山機場
■ 橋頭遊行	1979.01.22.	高雄縣橋頭鄉余宅、省道、高雄市火車站	陳博文 艾琳達	122	3	170	其中 29 張無底片；美麗島雜誌弱四期施明德一文中另有 5 張相片
■ 余案後續 (1)—康寧祥宅會議	1979.01.23.	台北市萬華區康宅	陳博文	140	12	37	其中 1 張無底片
■ 余案後續 (2)—春節散發傳單	1979.01.30.	台中市、高雄縣鳳山市	陳博文	145	7	53	合台中市右翼團體的海報
■ 桃園遊行—送「人權萬歲」區	1979.02.04.	桃園景福宮、縣長官邸	陳博文 艾琳達	158	11	63	其中 2 張無底片
■ 「縣政專題研究會」—桃園縣議會圖評信良	1979.02.09.	桃園縣議會議堂	陳博文	163	3	17	無底片
■ 余案後續 (3)—官邸草坪演講	1979.02.24.	鳳山市黃友仁縣長官邸	陳博文	146	8	45	其中 9 張無底片
■ 余案後續 (4)—法庭外聲援	1979.03.09.	景美警總軍法處處大門	艾琳達	152	7	33	無底片；余氏父子案在第一法庭審理
■ 雷震（儆寰先生）喪禮公祭	1979.03.10.	台北市榮總勞	陳博文	155	2	11	雷震於 3 月 7 日過世
■ 余案後續 (5)—特務與右派海報、蘇慶黎等回橋頭發傳單	1979.03.18.	高雄縣橋頭鄉橋頭路	陳博文	148	6	28	另有蘇慶黎、陳博文回台中後，與年輕人在「統一檢驗院」合照三張
■ 瑞典電視台訪問許信良等人	1979.04.02.	新店大坪路施明德宅	陳博文	156	4	16	日期由施明德手稿得知
■ 推動重新加入聯合國會議	1979.04.12.	台北市姚嘉文律師事務所	陳博文	170	6	17	4 月 10 日卡特總統簽署「台灣關係法」

事件	日期	地點	攝影者				備註
■許信良生日茶會	1979.05.26.	中壢建國北路鳳仙餐廳	陳博文	164	16	158	其中100張無底片
■立委黃順興彰化民眾服務處成立演講會	1979.06.09.	彰化市中山路	陳博文	206	13	131	其中4張無底片；6月1日「黨外民意代表聯合辦事處」成立
■候選人聯誼會活動(1)—澄清湖聯誼	1979.06.24.	高雄市厚德福餐廳、莊文樺茶樓、澄清湖	陳博文	210	8	75	6月2日「候選人聯誼會」正式成立
■許信良被休職案—黨外記者會	1979.06.29.	台北市仁愛路黨外總部	陳博文	178	2	3	無底片；黃天福提供檔案照片翻拍
■候選人聯誼會活動(2)—慶祝高雄市升格院轄市	1979.07.01.	高雄市扶輪公園大門	陳博文	213	4	20	無底片；高雄市7月1日升格為院轄市
■美麗島雜誌社人事會議	1979.07.09.	黨外總部	陳博文	179	4	16	無底片
■美麗島雜誌社經理部會議	1979.07.13.	黨外總部	陳博文	180	1	2	無底片
■候選人聯誼會活動(3)—七二八台中事件	1979.07.28.~07.29.	台中市敬華飯店、中山公園、中正公園	陳博文	214	8	28	無底片
■美麗島雜誌社編輯會議	1979.07.30.	黨外總部	陳博文、艾琳達	180	10	48	無底片；黃天福提供團體照片底片加洗；美麗島雜誌第一期封底外員另有1張合照
■蔣渭水逝世四十八週年紀念	1979.08.05.	宜蘭市	陳博文	—	0	7	無底片
■「潮流事件」援救會議	1979.08.08.	黨外總部	艾琳達	242	5	14	無底片；8月7日陳博文、楊裕榮被捕
■美麗島雜誌社創刊酒會—中泰賓館事件	1979.09.08.	台北市中泰賓館	陳博文	184	24	95	無底片；黃天福提供檔案照片翻拍；美麗島雜誌第二期封底內外另有8張相片
■選罷法座談會	1979.09.09.	黨外總部	陳博文	218	1	3	彩色照片無底片

事件	日期	地點	攝影者				備註
■美麗島高雄市服務處成立	1979.09.28.	高雄市服務處騎樓	陳博文	196	3	12	無底片；黃天福提供檔案照片翻拍；美麗島雜誌第三期封底內外另有 2 張相片
■許信良出國	1979.09.30.	桃園機場	陳博文	244	2	4	彩色照片無底片；美麗島雜誌第三期封底內頁另有 1 張相片
■余登發七八生日茶會	1979.10.02.	鳳山國父紀念館	陳博文	222	9	36	無底片；黃天福提供檔案照片翻拍；美麗島雜誌第三期封底內外另有 3 張相片
■美麗島宜蘭縣服務處籌備會	1979.10.11.	宜蘭市	施明德	197	1	2	無底片；日期由相片後施明德手跡確定
■美麗島雜誌社社務委員大會	1979.10.13.	台北市南京西路狀元樓	陳博文	192	6	30	無底片
■「十‧三事件」感謝餐會暨施明德、艾琳達結婚週年慶	1979.10.15.	台北市重慶北路復興園	陳博文	226	8	19	無底片；10 月 3 日陳映真、李慶榮遭警總短暫偵訊後釋回
■美麗島台中區基委會成立	1979.10.15.	台中市服務處	陳博文	198	1	36	其中 11 張無底片
■楊達七四生日茶會	1979.10.21.	台中市文化中心	陳博文	246	6	67	
■美麗島台中市服務處成立	1979.10.25.	台中市全安大飯店	陳博文	198	6	92	其中 24 張彩色照片無底片
■候選人聯誼會活動（4）—控告張世燉和徐梅郷	1979.11.03.	台中市地方法院	陳博文	217	2	22	其中 7 張彩色照片無底片；上午九點
■當前農業問題座談會	1979.11.03.	台中市服務處	陳博文	220	4	54	其中 26 張彩色照片無底片；下午三點
■農村毛豬問題座談會	1979.11.07.	屏東服務處	施明德	—	0	1	無底片；11 月 5 日屏東豬農至經濟部抗議
■艾琳達、許心（徐慎恕）訪問吳泰安案涉案人家屬	1979.11.06.~11.07.	台東市海四寺等地	艾琳達	230	5	20	艾琳達拍攝；兩人在美麗島雜誌第四期發表《革命馬戲團的悲哀》採訪報告

活動名稱	時間	地點	拍攝者				備註
■施明德、艾琳達 訪綠島監獄	1979.11.08.~11.09.	台東市、綠島鄉等地	艾琳達	232	4	54	艾琳達拍攝，與上一欄活動底片均由陳博文轉交基金會
■美麗島南投服務處開幕茶會	1979.11.12.	南投市國賓戲院	陳博文	199	4	23	其中6張彩色照片無底片
■歡送邾佳信神父離台餐會	1979.11.13.	台北市衡陽路大三元餐廳	陳博文	234	4	24	彩色照片無底片；美麗島雜誌第四期封底內頁另有1張照片
■青年座談會	1979.11.17.	高雄市服務處素樓	陳博文	219	1	3	彩色照片無底片；活動名稱待查證
■台中美麗島之夜—吳哲朗坐監惜別會	1979.11.20.	台中市太平國小	陳博文	250	7	54	無底片：同日同時黃信介住宅被襲擊
■高雄市服務處再度被砸	1979.11.29.	高雄市服務處	陳博文	240	1	1	
■美麗島屏東服務處成立	1979.12.08.	屏東市中正路、仁愛國小	陳博文	254	5	33	其中四張無底片
■「世界人權紀念日」黨外人士演講大會—高雄事件	1979.12.10.	高雄市中山路、中正路圓環、大同二路口	艾琳達、施明德	264	10	27	無底片，均為翻拍加洗之照片；其他為《中國時報》資料照片
■大逮捕受難者親友探監聚會	1979.12.14.	景美警總看守所外	艾琳達、陳菊德、湯鳳娥	263 270	2	3	無底片
■艾琳達遭總統驅逐出境	1979.12.16.	日本東京	艾琳達	271	1	1	艾琳達12月15日遭總警總驅逐出境
■籌組辯護律師團	1979.12.~	台北	李勝雄	275	1	1	李律師提供照片掃瞄
■軍法大審開庭	1980.03.18.	總軍法處第一法庭	施明德	272	1	10	翻拍；軍事法庭3月18日開庭
■美麗島受難者援救聚會	1980.07.~	台北	施明德	274	1	1	無底片
備註	—	—	—	—	459	3461	照片數量總計（含未入檔共3500餘張）

歷史與現場 ⑳

反抗的意志：1977-1979美麗島民主運動影像史

作　　　者──財團法人施明德文化基金會（美麗島事件口述歷史編輯小組）

主　　　編──李筱婷

責任編輯──鍾岳明

美術設計──POULENC

行銷企劃──劉凱瑛

董 事 長
總 經 理──趙政岷

總 編 輯──余宜芳

出 版 者──時報文化出版企業股份有限公司

　　　　　　10803台北市和平西路三段二四〇號三樓

　　　　　　發行專線───（〇二）二三〇六六八四二

　　　　　　讀者服務專線──〇八〇〇二三一七〇五

　　　　　　　　　　　　　（〇二）二三〇四七一〇三

　　　　　　讀者服務傳真──（〇二）二三〇四六八五八

　　　　　　郵撥──一九三四四七二四時報文化出版公司

　　　　　　信箱──台北郵政七九~九九信箱

時報悅讀網──http://www.readingtimes.com.tw

電子郵箱──history@readingtimes.com.tw

法律顧問──理律法律事務所 陳長文律師、李念祖律師

印刷───盈昌印刷有限公司

初版一刷──二〇一四年十二月五日

定價───新台幣四二〇元

國家圖書館出版品預行編目(CIP)資料

反抗的意志：1977-1979美麗島民主運動影像史
/財團法人施明德文化基金會美麗島事件口述歷史編輯小組編.
-- 初版. -- 臺北市：時報文化, 2014.12
　面；　公分. -- (歷史與現場；220)
ISBN 978-957-13-6125-3(平裝)

1.美麗島事件 2.臺灣民主運動 3.口述歷史

733.2945　　　　　　　　　　　　　103021791

ISBN 978-957-13-6125-3　　Printed in Taiwan